Inglês para pervertidos

Inglês para pervertidos

Venus O'Hara

Tradução
Bárbara Guimarães Arányi

OCTAVO SUR

São Paulo 2014

Inglês para pervertidos
Venus O'Hara

Título original
Inglés para pervertidos

Tradução
Bárbara Guimarães Arányi

Capa
Casa de Ideias

Revisão
Stefano Bacchini

Composição
Casa de Ideias

Grafia atualizada conforme o Novo Acordo Ortográfico da
Língua Portuguesa

Dados Internacionais de Catalogação na Publicação (CIP)
(Câmara Brasileira do Livro, SP, Brasil)

O'Hara, Venus
Inglês para pervertidos / Venus O'Hara; [tradução Bárbara Guimarães Arányi]. – São Paulo: Octavo, 2014. Título original: Inglés para pervertidos.

ISBN 978-85-63739-49-0

1. Inglês - Estudo e ensino 2. Sexismo na linguagem I. Título.

14-03525 CDD-420.7

Índices para catálogo sistemático:
1. Inglês: Estudo e ensino 420.7

[2014]

EDITORA OCTAVO LTDA.
Rua dos Franceses, 117
01329-010 São Paulo SP
Telefone (11) 3262 3996
www.octavo.com.br

SUR LIVROS LTDA.
Rua Juvêncio Costa, 108
88036-270 Florianópolis SC
Telefone (48) 3233 2115
www.surlivro.com.br

Para meus professores

Legenda – *Legend*

v Verbos – *Verbs*

n Substantivos – *Nouns*

a Adjetivos – *Adjectives*

adv Advérbios – *Adverbs*

* Cuidado com essas palavras!
– Be careful with these words!

Índice – *Contents*

Ao terminar cada capítulo você perceberá que a sua temperatura aumentou. Esse é o momento de colocar em prática os conhecimentos recém-adquiridos e ver a sua pontuação - *When you finish a chapter your temperature will rise. This is the time to experiment with your new knowledge and take note of your score.*

Carta da professora
Teacher's letter

Querid@ alun@:

Eu gostaria de poder dizer que aprender um idioma é fácil, mas estaria mentindo. É preciso tempo, paciência e muita insistência até conseguir. Você tem que se esforçar bastante, se aplicar por completo... como faria no sexo.

Inglês para pervertidos é o único livro que une duas grandes necessidades: inglês e sexo. Afinal você poderá aprender todas as palavras que sempre quis saber, exatamente as que seu professor@ de inglês nunca se atreveria a ensinar.

Tenho consciência de que parte do vocabulário pode surpreender alguns alunos mais sensíveis, ou até ofendê-los. Que fique claro que esta não foi a minha intenção; simplemente quis reproduzir a fraseologia que se ouve "nas ruas".

Este livro não serve apenas para ficar com um/a gring@ ou procurar a melhor pornografia da rede; nele você também encontrará exercícios que terá vontade de fazer, principalmente os de conversação, que você pode praticar com seu companheiro/a.

Há muitos métodos para aprender inglês, e em nenhum deles se pode negar a importância da gramática. Sabemos como ela é cansativa, mas a realidade é que é fundamental para conseguirmos nos comunicar bem. Por isso, *Inglês para pervertidos* contém exercícios originais e muito atrevidos, que não existem em nenhum outro livro de inglês. E lembre-se, uma maior compreensão da gramática também ajudará em outros contextos... fora do quarto.

O livro conta com oito capítulos: "O corpo humano", "Na cama", "LGBT", "Compras eróticas", "O lado obscuro", "Pornografia", "Perversões online" e "Saúde sexual". Cada um deles contém vocabulário, gramática e vários exercícios.

Inglês para pervertidos pode ser classificado como de nível intermediário, mas qualquer estudante de inglês se beneficiará de suas lições.

Espero que você faça bom proveito das aulas.
Kisses, xxx

Sua professora

Venus O'Hara

O corpo humano
The human body

Depois que você aprender o vocabulário das partes mais excitantes e prazerosas do corpo, a verdadeira diversão poderá começar...

Once you know the English words for the most exciting and pleasurable body parts, then the fun can really begin...

AS PARTES DO CORPO
BODY PARTS

n

- Ânus - *Anus, arsehole*, asshole*, bumhole, cadbury canal*, glory hole*, poo-hole*, poop-chute*, shitter**
- Aréola - *Areola*
- Axila - *Armpit*
- Barba - *Beard*
- Barba de três dias - *Stubble*
- Barriga - *Belly, stomach, surfboard**
- Bigode - *Moustache*
- Boca - *Mouth*
- Bochecha - *Cheek*
- Braço - *Arm*
- Bunda - *Bottom, arse/ass*, backside*, behind, booty*, butt*, buttocks, derriere, peach*, rear, rump, trunk*, two-moon junction**
- Cabeça - *Head*
- Cabelo - *Hair*
- Calcanhar - *Heel*
- Celulite - *Cellulite, orange peel*
- Cílios - *Eyelash*
- Cintura - *Waist*
- Colo - *Cleavage*
- Corpo - *Body, figure*
- Costas - *Back*
- Cotovelo - *Elbow*
- Covinha - *Dimple*
- Coxa - *Thigh*
- Dedo - *Finger*
- Dedos dos pés - *Toes*
- Dente do siso - *Wisdom tooth*
- Dente/s - *Tooth/teeth*

- Fazer **biquinho/beicinho** – *To pout*
  Adoro quando ela faz biquinho. É tão sexy... - *I love it when she pouts, it's so sexy.*
- Gengiva - *Gums*
- Implantes de silicone nos seios - *Breast augmentation, breast implants, airbags*, bolt-ons*, boob job*, fake tits*, pumped-ups*, siliconartist*, tit job**
- Joelho - *Knee*
- Lábios - *Lips, kissers**
- Lábios de silicone - *Trout pout**
- Língua - *Tongue*
- Lóbulo da orelha - *Ear lobe*
- Mamas masculinas - *Boobs, man boobs*
- Mamilos - *Nipples, coat hangers*, fighter pilot's thumbs*, glass cutters*, nips*, pencil rubbers*, pokies**

- Mandíbula - *Jaw*
- Mão - *Hand*

- Mostrar a **bunda**/Fazer um **bundalelê** - *To do a **moonie****
- Nariz - *Nose*
- Nuca - *Nape*
- Olho - *Eye*
- Ombro - *Shoulder*
- Orelha - *Ear*
- Pálpebra - *Eyelid*
- Panturrilha - *Calf*
- Pé/s - *Foot/feet*
- Peito - *Chest, pectorals, pecs**
- Perna - *Leg*
- Pescoço - *Neck*
- Pneuzinhos - *Muffin top**
- Polegar - *Thumb*

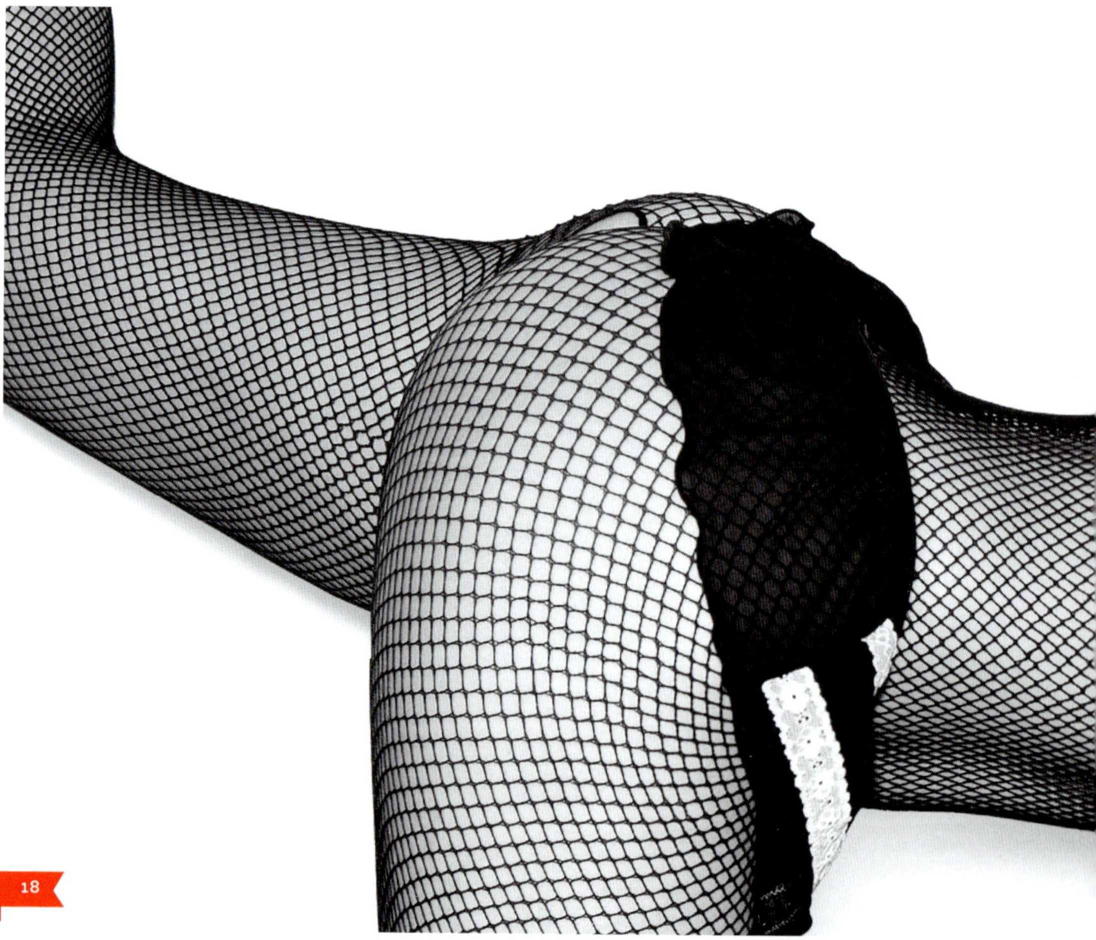

- Pulso - *Wrist*
- Punho - *Fist*
- Quadril - *Hip*
- Queixo - *Chin*
- Rosto - *Face*
- Seios - *Breasts, tits*, melons*, gazongas*, knockers*, mams*, headlights*, baps*, jugs*, whoppers*, boobs*, norks*, jubblies*, dirty pillows*, hooters**
- Sobrancelha - *Eyebrow*
- Testa - *Forehead*
- Tornozelo - *Ankle*
- Tornozelos grossos - *Cankles**
- Umbigo - *Belly button*, navel*
- Unhas - *Nails*
- Unhas dos pés - *Toe nails*
- Zona erógena - *Erogenous zone*

COISAS BOAS *GOOD THINGS*

- Atraente - *Attractive, good looking*
- Atrevido - *Pert*
- Bonita - *Pretty*
- Bonito - *Handsome*
- Comível - *Shaggable*, fuckable**
- Em forma - *In-shape*
- Em ótima forma - *Buff*, ripped**
- Firme - *Firm*
- Flexível - *Supple, flexible*
- Lindo - *Gorgeous*
- Musculoso - *Muscular*
- Rígido, duro (relativo a ereção) - *Stiff (describing an erection)*
- Sarado - *Toned*
- Saudável - *Healthy*
- Sexy - *Sexy*
- Suave - *Smooth, soft*

COISAS MÁS *BAD THINGS*

- Anoréxico - *Anorexic*
- Caído - *Saggy*
- Cheinho - *Chubby, plump*
- Feio - *Ugly*
- Flácido - *Wobbly*
- Gordo - *Fat*
- Magrelo - *Skinny*
- Obeso - *Obese*
- Ossudo - *Bony*
- Rígido (para músculos e costas) - *Stiff (describing muscles and back)*
- Rugosa (pele) - *Rough (skin)*

COISAS NEUTRAS *NEUTRAL THINGS*

- Depilado - *Waxed*
- Magro - *Thin*
- Peituda - *Busty*
- Peludo - *Hairy*
- Reto - *Flat*

- **Descalç@ - *Barefoot***

Adoro andar **descalço** em casa - *I love going **barefoot** at home.*

- **Despid@ - *Naked***

***Naked**, au naturel, as nature intended, bare-assed*, bare, birthday suit, bollock naked*, in the buff*, in the nack*, in the nuddy*, in the raw, kitless*, kit off*, nude, stark naked, starkers*, stripped, undressed, with nothing on, without a stitch*

- Estar em **forma** ou estar **gostos@** - *To be **fit****

O seu namorado está tão **gostoso** que quase tenho um orgasmo cada vez que o vejo - *Your boyfriend is so **fit**, I almost have an orgasm every time I see him.*
James está em **forma**. Faz duas horas de esportes todos os dias - *James is very **fit**. He spends two hours doing sport every day.*

O CABELO
DESCRIBING HAIR

n

- Apliques - *Extensions*
- Mechas - *Highlights, streaks*
- Peruca - *Wig*
- Postiço - *Weave*

a CORES
COLOURS

- Branco - *White*
- Castanho - *Brown, brunette*
- Castanho-avermelhado - *Auburn*
- Cinza - *Grey*
- Claro - *Light*
- Escuro - *Dark*
- Grisalho - *Salt and pepper**
- Loir@ - *Blond, blonde*
- Loiro-avermelhad@ - *Strawberry blond(e)*
- Preto - *Black*
- Ruiv@ - *Red, redhead, ginger*

a ESTILOS
STYLES

- Afro - *Afro*
- Cabelo artificial - *Fake hair*
- Calvo - *Bald*
- Chanel - *Bobbed*
- Crespo - *Frizzy*
- Encaracolado - *Curly*
- Liso - *Straight*
- Longo - *Long*
- Ondulado - *Wavy*
- Oxigenado - *Bleached*
- Raspado - *Shaved, shaven*
- Suave - *Soft*
- Tingido - *Dyed*
- Trançado - *Braided*

ZONAS ERÓGENAS FEMININAS
FEMALE GENITALIA

n

- Ânus - *Anus*
- Clitóris - *Clitoris, bud*, clit*, jellybean*, love button**
- Grandes lábios - *Labia majora, coin-slot*, front bum*, meat curtains*, outers*/outer lips, plumpies**
- Hímen - *Hymen, maidenhead*
- Pelos pubianos - *Pubic hair, beard*, bikini line, brazilian*, brillo pad*, carpet*, landing strip*, minge*, mop*, muff*, rug*, velcro**
- Pequenos lábios - *Labia minora, inner lips*
- Ponto G - *G-spot*
- Uretra - *Urethra, peehole*
- Vagina - *Vagina, bearded clam*, beaver/beeve*, box*, cooch*, cooter*, cum dumpster*, cunny*, cunt*, fuckhole*, gash*, hole*, honeypot*, poon/poontang* pussy*, sex*, slit*, slit-trench*, snatch*, twat* vagina*
- Vulva - *Vulva*

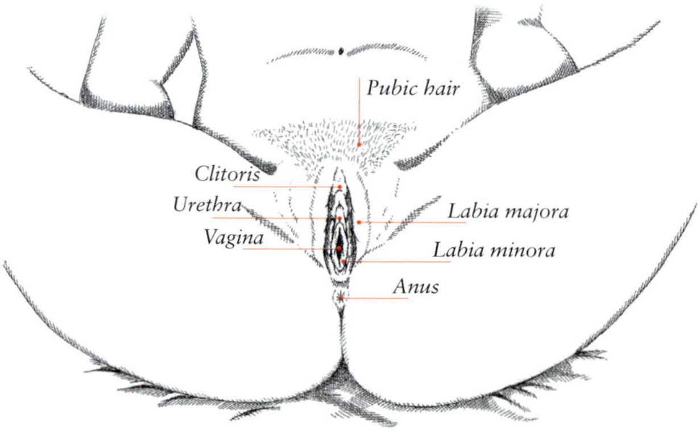

PENILIDADES: VOCÊ É "CRESCENTE" OU "EVIDENTE"?

Um "crescente" é aquele homem cujo pênis só mostra sua verdadeira longitude quando está ereto. Nesses casos, entre a flacidez e a ereção existe uma variação que oscila entre 9 cm quando está flácido e 18 cm ereto. Já um "evidente" é aquele homem cujo pênis não varia em longitude (quando muito uns 3 cm) quando está flácido ou ereto. Com a ereção, esse tipo de pênis endurece e engrossa, mas não necessariamente cresce.

ZONAS ERÓGENAS MASCULINAS
MALE GENITALIA

n

- Freio (do prepúcio) - *Frenulum, banjo string*, ridged band**
- Glande - *Glans, bell-end*, hat*, herman*, prepuce, purple helmet**
- Pênis - *Penis, beef bayonet*, chubby*, cock*, dick*, ding-a-ling*, donger*, manhood*, member, percy*, pickle*, piece of pork*, pork sword*, prong*, rod*, schlong*, todger*, wang*/ wanger*, willy**
- Períneo - *Perineum, barse*, durf* gooch*, grundle*, taint**
- Prepúcio - *Foreskin, curtains,* pullover*, roll neck*, uncircumcised*
- Testículos - *Testicles, balls*, bollocks*, family jewels*, gonads, nads*, nuts*, nutsack**
- Vara - *Shaft*

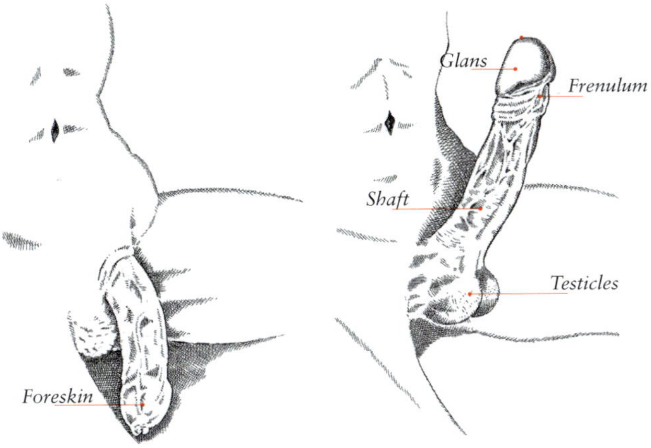

PENIS STUFF: ARE YOU A 'GROWER' OR A 'SHOWER'?

A 'grower' is a man whose true penis length is only made apparent when it is erect. There is usually a variance between 3.5 inches when flaccid and 7 inches when fully aroused. A 'shower' is a man whose erect penis is the same length or perhaps just an inch longer than when it is flaccid. It gets harder and thicker when aroused but doesn't necessarily get any longer.

CUIDADOS COM O CORPO
TAKING CARE OF YOUR BODY

V

- Andar de bike - *To cycle*
- Caminhar - *To walk*
- Correr - *To run*
- Dançar - *To dance*
- **Fazer abdominais, fazer flexões - *to do crunches, to do sit-ups***
- Fazer esportes - *To do exercise, to work out*
- Fazer exercício - *To exercise*
- Fazer jogging - *To jog*
- Fazer musculação - *To do weights*
- Fazer regime - *To go on a diet*
- Ir à academia - *To go to the gym*
- Seguir uma dieta saudável - *To follow a healthy diet*

HIGIENE PESSOAL E CUIDADOS COM A APARÊNCIA
PERSONAL HYGIENE AND GROOMING

V

- Aparar - *To trim*
- Barbear-se - *To shave*
- Cheirar - *To smell*
- Cheirar mal - *To stink*
- Cortar as unhas - *To clip (nails)*
- Cortar o cabelo - *To cut (hair)*
- Deixar crescer - *To grow (hair, nails)*
- Depilar-se com cera - *To wax*
- Escovar os dentes - *To brush your teeth*
- Fazer a manicure - *To get a manicure*
- Fazer a pedicure - *To get a pedicure*
- Fazer as sobrancelhas - *To pluck (eyebrows)*
- Fazer esfoliação - *To exfoliate*
- Lavar-se - *To wash*
- Limpar-se - *To cleanse*
- Lixar as unhas - *To file (nails)*
- Passar fio dental - *To floss*
- Passar hidratante - *To moisturise*
- Suar - *To sweat*
- Ter mau hálito - *To have bad breath*
- Tomar banho - *To have a bath*
- Tomar uma ducha/chuveirada - *To have a shower*

NO BANHEIRO
IN THE BATHROOM

CUIDADOS COM O ROSTO
FACIAL CARE

- Algodão - *Cotton wool*
- Cotonete - *Cotton buds*
- Creme hidratante - *Moisturiser*
- Produto de limpeza facial - *Cleanser*

CUIDADOS COM O CABELO
HAIR CARE

- Condicionador - *Conditioner*
- Escova - *Brush*
- Gel - *Gel*
- Laquê - *Hairspray*
- Mousse - *Mousse*
- Pente - *Comb*
- Xampu - *Shampoo*

DEPILAÇÃO
HAIR REMOVAL

- Aparelho de barbear/depilar - *Razor*
- Cera - *Wax*
- Máquina depiladora - *Epilator*
- Pinça - *Tweezers*
- Tesoura - *Scissors*

CUIDADO DENTAL
DENTAL CARE

- Antisséptico bucal - *Mouth wash*
- Escova de dente - *Toothbrush*
- Fio dental - *Dental floss*
- Pasta de dente - *Toothpaste*

CUIDADOS COM O CORPO
BODY CARE

- Desodorante - *Deodorant*
- Esponja - *Sponge*
- Sabonete líquido para banho - *Shower gel*
- Sabonete - *Soap*

CUIDADO DAS MÃOS
HANDS CARE

- Creme para as mãos - *Hand cream*
- Esmalte - *Nail varnish*
- Lixa de unhas - *Nail file, emery board*
- Polidor de unhas - *Nail brush*
- Removedor de esmalte - *Nail varnish remover*

MAQUIAGEM
MAKE-UP

- Base - *Foundation*
- Batom - *Lipstick*
- Brilho labial - *Lipgloss*
- Cílios postiços - *False eyelashes*
- Corretivo - *Concealer*
- Delineador labial - *Lipliner*
- Delineador para os olhos - *Eyeliner*
- Lápis de sobrancelhas - *Eyebrow pencil*
- Pó compacto - *Powder*
- Protetor labial - *Lipbalm*
- Rímel - *Mascara*
- Sombra - *Eyeshadow*
- Unhas postiças - *False nails*

ADVÉRBIOS DE FREQUÊNCIA
ADVERBS OF FREQUENCY

Os advérbios de frequência são usados para expressar quão frequentemente fazemos alguma coisa. Costumam vir antes do verbo, **exceto no caso do verbo "to be".**
We use adverbs of frequency to say how often we do things. Adverbs of frequency go before all verbs **except the verb 'to be'.**

adv

- Às vezes - *Sometimes*
- Com frequência - *Often*
- Habitualmente - *Usually*
- Nunca - *Never*
- Raramente - *Rarely*
- Sempre - *Always*

EXEMPLOS COM *TO BE*

- *I am **always** smooth.*
- *He is **never** late for the hairdresser.*

EXEMPLOS

- *I **always** have a shower in the morning.*
- *I **usually** pluck my eyebrows every other day.*
- *I **often** shave my legs when I have my shower.*
- *I **sometimes** let my pubic hair grow.*
- *I **rarely** have a bath.*
- *I **never** use hairspray.*

COM QUE FREQUÊNCIA...?
HOW OFTEN DO YOU...?

- Diariamente - *Everyday*
- Dia sim, dia não - *Every other day*
- Toda segunda-feira - *Every Monday*
- A cada seis meses - *Every six months*
- Uma vez por semana/mês - *Once a week/month*
- Duas vezes por semana/mês - *Twice a week/month*
- Três vezes por semana/mês - *Three times a week/month*

EXERCÍCIO 1

PRATIQUE COM SEU COMPANHEIR@!

Formule as seguintes perguntas ao seu companheir@.
As respostas devem ser completas.

1) *How often do you have a shower?*

2) *How often do you have a shower with your partner?*

3) *How often do you wear make-up?*

4) *How often do you wax your bikini line?*

5) *How often do you let your partner see you naked?*

Agora é a sua vez de responder.

EXERCÍCIO 2

Complete as frases com um advérbio de tempo da lista.
ATENÇÃO! Pode haver mais de uma resposta válida.

Always · usually · often · sometimes · rarely · never

1) *She ____________ waxes her pussy. She loves to be hairy.*

2) *I __________ go on a diet. Only before my summer holidays.*

3) *He __________ washes himself after sex. He is obsessed with personal hygiene.*

4) *We ___________ shower in the morning, except at the weekend.*

5) *I _________ let my boyfriend shave my pubic hair, when he promises to be careful.*

6) *My girlfriend _________ wears clothes at home, she loves to be naked.*

7) *He _________ gives his girlfriend a foot massage, but she says she would like more.*

8) *They _________ shower together. Their shower is too small for two people.*

9) *She _________ wears make-up. She feels naked without it.*

10) *He _________ waxes his legs. Only when he is training for the annual cycling race.*

EXERCÍCIO 3

Escreva as partes do corpo:

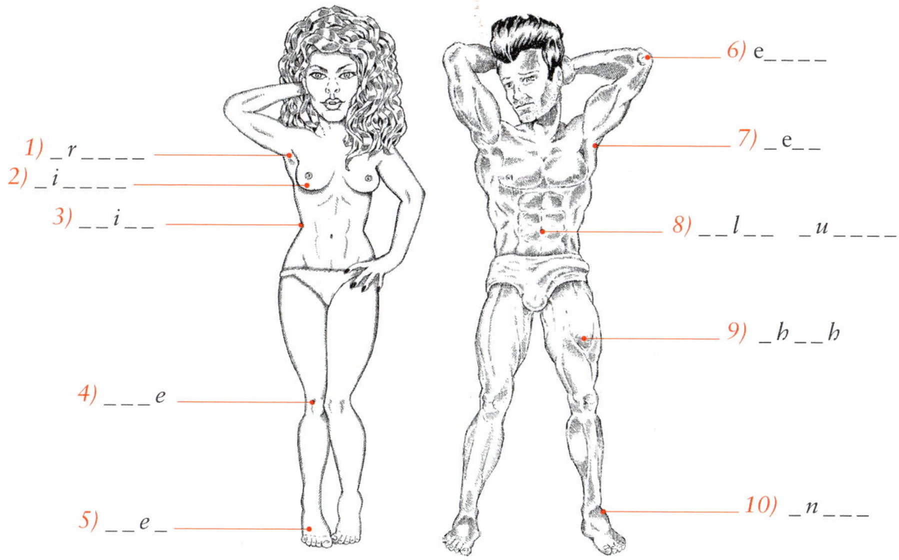

EXERCÍCIO 4

Sublinhe o adjetivo que não é utilizado para descrever cada parte do corpo:

EXEMPLO

Breasts: pert · saggy · firm · <u>thin</u>

1) *Thighs: wobbly · fat · pert · hairy*
2) *Bikini line: hairy · waxed · smooth · fat*
3) *Face: pretty · fit · ugly · gorgeous*
4) *Hair: curly · wobbly · long · thin*
5) *Cock: hard · firm · soft · curly*
6) *Bum: firm · saggy · pert · erect*
7) *Nipples: hard · sensitive · soft · muscular*
8) *Lips: bony · full · wet · thin*
9) *Body: obese · fat · toned · bobbed*
10) *Skin: smooth · rough · soft · stiff*

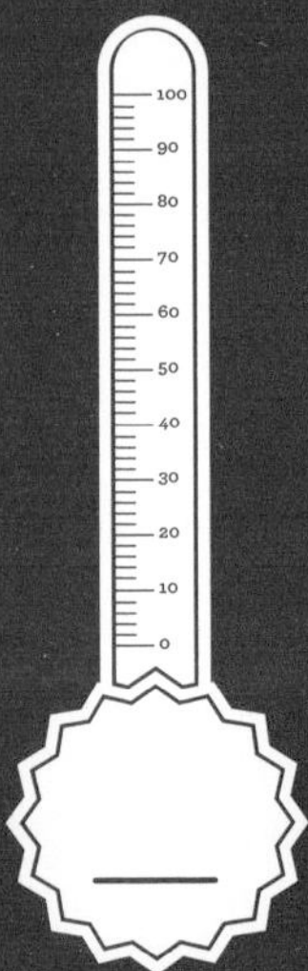

O corpo humano - *The human body*

PERVERSINÔMETRO

Na cama
In bed

II

Na cama descobrimos o que podemos fazer com nossos corpos, sozinhos ou acompanhados. Tudo, desde as preliminares até o orgasmo.

In bed we can discover the things we can do with our bodies, either on our own or with others. Everything from foreplay to orgasms.

PRELIMINARES
FOREPLAY

V

- Abraçar - *To cuddle, to hug*
- Acariciar - *To caress, to stroke*
- Aconchegar-se - *To snuggle*
- Arranhar - *To scratch*
- Beijar - *To kiss*
- Cheirar - *To smell*
- Chupar - *To suck*
- Despir-se - *To undress, to strip, to take your clothes off, to get your kit off**
- Enfiar o dedo - *To finger*
- Esfregar - *To rub*
- Estimular - *To stimulate*
- Fazer cócegas - *To tickle*
- Fazer *fisting* (enfiar a mão e/ou punho na vagina ou ânus) - *To fist/fisting*
- Fazer massagem - *To massage*
- Dar uns amassos - *To make out with someone*
- Lamber - *To lick*
- Morder - *To bite*
- Provocar - *To tease*
- Saborear - *To taste*
- Soprar - *To blow*
- Tocar - *To touch*

SEXO ORAL
ORAL SEX

♀♂ · *To go down on someone*

♀ · *Cunnilingus, cunt-lapping*, to eat pussy*, to eat out, face-sitting, to lick someone out, muff-diving, pearl-diving*, rug munching**

♂ · *Fellatio, cocksucking*, deep-throat, face-fucking*, to give a blow job/bj*, to give head*, to play the skin flute*, to suck off**

♂ · *Teabagging** - Colocar os testículos do companheiro na boca

MASTURBAÇÃO
MASTURBATION

n ♀♂

· Masturbação - *Masturbation, self-pollution**

v ♀♂

· Fantasiar - *To fantasise*
· Masturbar-se - *To masturbate, to pleasure oneself*
· Tocar-se - *To touch oneself*

Os substantivos e verbos a seguir costumam ser usados para se referir à masturbação masculina - *The nouns and verbs below are generally used to describe male masturbation.*

v ♂

· Bater punheta - *To bash the bishop*, to beat off*, to beat one's meat*, to choke the chicken*, to jack off*, to jerk off*, to knock one off*, to shake a soda*, to spank the monkey*, to toss off*, to wank (off)*, to whack off**

n ♀

· Punheta - *A five knuckle shuffle*, a hand job*, a hand shandy*, a tug job*, a wank*, a Tommy Tank**

· **Autoestimulação avançada – *Advanced self-love***
· **Autofelação - *Auto-fellation***

FAZENDO
DOING IT

A PRIMEIRA VEZ
THE FIRST TIME

- Deflorar - *To deflower*
- Descabaçar - *To break someone in**
- Desvirginar - *To take a maidenhead*
- Perder a virgindade - *To lose your virginity*
- Romper o hímen - *To pop your cherry*

SEXO SEGURO
SAFE SEX

- Praticar sexo seguro - *To practise safe sex*
- Usar camisinha - *To use a condom, to wear a raincoat**
- Usar proteção - *To use protection*

PENETRAÇÃO
SEXUAL INTERCOURSE

n

- Coito - *Copulation*
- Penetração - *Penetration*
- Trepada - *A fuck*, a shag**

v

- Fazer sexo - *To bang*, to bonk*, to copulate, to do someone*, to fuck*, to get a piece of ass*, to get into some body's pants*, to get laid, to get some tail*, to hump*, to jump on*, to lay somebody*, to nail*, to ride*, to roll in the hay, to rub bellies, to score*, to screw*, to shag*, to sleep with someone*

n POSIÇÕES SEXUAIS
SEXUAL POSITIONS

- Conchinha - *Spooning*
- De quatro - *Doggy style, on all fours*
- Meia nove (69) - *Sixty-nine, soixante neuf*
- Missionário - *Missionary, mish*
- Mulher por cima - *Cowgirl*
- Mulher por cima (virada para os pés) - *Reverse cowgirl*
- Por cima - *To be on top, to straddle* (mulher)

v SEXO ANAL
ANAL SEX

- Fazer sexo anal - *To butt fuck*, to use the back door, to use the trades man's entrance, to do it up the arse*, to bum**

TUDO SOBRE ORGASMOS
ALL ABOUT ORGASMS

n

- Ejaculação - *Ejaculation*
- Ejaculação feminina - *Female ejaculation, squirting*
- Ejaculação no colo e seios (literalmente "colar de pérolas") - *A pearl necklace*
- Esperma - *Sperm*
- Líquido pré-ejaculatório - *Pre-cum, Pre-come*
- Orgasmo - *The Big 'O'*
- Orgasmos múltiplos - *Multiple orgasms*
- Sêmen - *Semen, cream*, cockspit*, jism*, milk*, nad batter*, spooge*, spunk*, testicular tang**

v

- Cuspir - *To spit*
- Ejacular - *To ejaculate, to squirt**
- Engolir - *To swallow*
- Fingir um orgasmo - *To fake an orgasm*
- Gozar - *To climax, to come, to cum, to get off, to have an orgasm, to spasm, to spend*
- Ser multiorgásmica - *To be multiorgasmic*

ISSO TE EXCITA?
DOES IT TURN YOU ON?

Verbos para descrever a excitação sexual... ou sua ausência - *Verbs to describe sexual excitement... (or the lack of it)*

♀♂ · *To be aroused, to be gagging for it*, to be horny, to be hot, to be up for it, to be turned on*

♀ · *To be wet, to be moist, to be dripping**

♂ · *To have an erection, to be stiff, to have a boner*, to have a hard on, to have a woody...*

♂ · *To be flaccid, to be soft*

SEXO SELVAGEM
ADVENTUROUS SEX

n

- Buscar sexo e/ou exibicionismo em locais públicos específicos - *Dogging*
- Casa noturna com danças eróticas - *Lapdancing club*
- Casa noturna com striptease - *Strip club*
- Chuva dourada (fetiche em urina) - *Golden shower*
- Exibicionismo - *Exhibitionism*
- Jogos de encenação - *Role-play*
- Ménage, sexo a três - *Threesome*
- Sexo em aviões, Clube do avião - *Mile-high club*
- Sexo em lugares públicos - *Outdoor sex, sex in public places*
- Sexo grupal - *Orgy, group sex*
- Troca de casais, swing - *Swinging, swingers*
- Voyeurismo - *Voyeurism*

v

- Fantasiar-se - *Dressing up*
- Fazer striptease - *Striptease*

SEXO PAGO
PAYING FOR SEX

n

- Cafetão - *Pimp*
- Cafetina - *Madame*
- Gigolô - *Gigolo, hustler, male prostitute, rent boy*
- Prostituta - *Prostitute, courtesan, escort, hooker*, vice girl, working girl, whore**
- Puteiro - *Brothel, massage parlour, parlour-house, whorehouse*, knocking shop**

v

- Contratar uma prostituta - *To hire a prostitute, to book an escort*
- Procurar prostitutas nas ruas e/ou estradas onde elas ficam - *To curb-crawl*
- Prostituir-se - *To be on the game*, to belong to the oldest profession, to sell your body, to whore yourself*, to pimp yourself**

ERROS FREQUENTES
COMMON MISTAKES

Give · have · make

· Em português se paga um boquete, bate uma punheta etc. - *In English **we give** blow jobs, hand jobs, and **we have** wanks, etc.*

EXEMPLOS

· *My girlfriend **gave** me a blow job this morning*
NO: *My girlfriend **paid** me a blow job this morning.*
· *Women are usually no good at **giving** hand jobs.*
· *I **had** a wank in the shower last night.*

DO QUE VOCÊ GOSTA NA CAMA?
WHAT DO YOU LIKE IN BED?

V

Verbos que você pode usar para falar com seu parceiro de gostos sexuais:

Enjoy · like · love · hate + verb -ing

EXEMPLOS

- *Do you **enjoy** giving blow jobs? - Sometimes.*
- *Does he **like** going down on her? - Yes, he **loves** it. He can't stop.*
- *Did you **love** hairy pussies in the 70s? - Yes, I **loved** them.*
- *Is it true that you **hate** anal sex? - Yes, I suppose my ex-boyfriend told you that.*

Adore · can't stand

EXEMPLOS

- *I **adore** smooth pussies.*
- *I **can't stand** threesomes. I want my boyfriend all to myself.*

Para propor a uma pessoa que vocês façam alguma coisa, você pode usar os seguintes verbos:

Feel like · fancy + verb -ing

EXEMPLOS

- *Do you **feel like** sitting on my face tonight? Yes, I'd love to.*
- *Do you **fancy trying** a threesome? No, I don't. I think I would be jealous.*

Também se pode usar as seguintes expressões:

***How about doing** something? vs **Would you like to do** something?*

EXEMPLOS

- ***How about** eating me out for a change? No thanks, I don't want to.*
- ***How about** having a threesome? Ok, but let's try with another man.*
- ***Would you like to** try a new position tonight? Yes, I'd love to go on top for a change.*
- ***Would you like to** have a fuck? I don't feel like it tonight. Sorry.*

O PRESENTE
TALKING ABOUT THE PRESENT

PRESENT SIMPLE

SUBJECT + VERB

HÁBITOS - *HABITS*

- *James **masturbates** every morning.*

AÇÕES OU FATOS PERMANENTES - *PERMANENT ACTIONS OR FACTS*

- *Charles **lives** with his wife.*
- *Tilly **has** two secret lovers.*

AÇÕES NO PRESENTE QUE ACONTECEM UMA DEPOIS DA OUTRA - *PRESENT ACTIONS HAPPENING ONE AFTER ANOTHER*

- *First Tom **stimulates** his girlfriend's clitoris, then they **have** sex.*

CONJUNÇÕES/EXPRESSÕES - *SIGNAL WORDS/EXPRESSIONS*

- *always*
- *every ...*
- *first*
- *never*
- *normally*
- *often*
- *seldom*
- *sometimes*
- *then*
- *usually*

PRESENT CONTINUOUS

SUBJECT + BE + VERB -ing

NESTE MOMENTO - *RIGHT NOW*

- *Look! They **are shagging** now.*

VÁRIAS AÇÕES QUE ACONTECEM AO MESMO TEMPO - *SEVERAL ACTIONS HAPPENING AT THE SAME TIME*

- *Clive **is wanking** and his girlfriend **is watching** him on the webcam.*

CONJUNÇÕES/EXPRESSÕES - *SIGNAL WORDS/EXPRESSIONS*

- *at the moment*
- *at this moment*
- *Listen!*
- *Look!*
- *now*
- *right now*
- *today*

PRESENT SIMPLE

SUBJECT + VERB

PLANOS - *SCHEDULES OR ARRANGEMENTS*

- Ação planejada - *Action set by a timetable or schedule*
- *The orgy starts at 8 pm.*

ROTINA OU SÓ POR UM PERÍODO DE TEMPO LIMITADO? - *ROUTINE OR JUST FOR A LIMITED PERIOD OF TIME?*

- Rotina - *Daily routine*
- *Billie works in a Strip Club.*

Nota: Os verbos a seguir costumam ser utilizados apenas no **presente simples** - *Note: The following verbs are usually only used in* ***Present Simple***

be, have, hear, know, like, love, see, smell, think, want

PRESENT CONTINUOUS

SUBJECT + BE + VERB -ing

PLANOS - *SCHEDULES OR ARRANGEMENTS*

- Ação para um futuro próximo - *Arrangement for the near future*
- *I am going to a swinger's club tonight.*

ROTINA OU SÓ POR UM PERÍODO DE TEMPO LIMITADO? - *ROUTINE OR JUST FOR A LIMITED PERIOD OF TIME?*

- Só por um período de tempo limitado (não necessariamente no momento em que se está falando) - *Only for a limited period of time (not necessarily at the moment of speaking)*
- *Jane is working in a Strip Club this week while Billie is on holiday.*

FALAS SOBRE O PASSADO
TALKING ABOUT THE PAST

PRESENT PERFECT SIMPLE

HAVE + PAST PARTICIPLE

AÇÕES NÃO TERMINADAS QUE COMEÇARAM NO PASSADO E CONTINUAM NO PRESENTE

- *I've **fucked** Vanessa for a year.* (E continuo fazendo isso.)

UMA AÇÃO JÁ TERMINADA, COM RESULTADOS NO PRESENTE

- *My wife **has broken** her vibrator.* (Quebrou-o há pouco tempo e continua estragado.)

COM UMA EXPRESSÃO TEMPORAL QUE INDICA QUE A AÇÃO NÃO TERMINOU (ESTA SEMANA, ESTE MÊS, HOJE)

- *I've **had** two blow jobs this week.*

PAST SIMPLE

VERB IN PAST

AÇÕES QUE COMEÇARAM E TERMINARAM NO PASSADO

- *I **fucked** Vanessa for a year, but then she moved away.*

UMA AÇÃO TERMINADA, SEM RESULTADOS NO PRESENTE

- *My wife **broke** her vibrator.* (Não sabemos se o consertou ou se trocou por outro.)

COM UMA EXPRESSÃO TEMPORAL QUE INDICA QUE A AÇÃO JÁ TERMINOU (SEMANA PASSADA, MÊS PASSADO, ONTEM, EM 1999 ETC.)

- *I **had** twelve blow jobs last week.*

O PASSADO IMEDIATO
THE VERY RECENT PAST

HAVE + JUST + PAST PARTICIPLE

- *I've **just had** the most amazing orgasm ever!*

EXERCÍCIO 1

PRATIQUE COM SEU COMPANHEIR@!

Formule as seguintes perguntas ao seu companheir@.
As respostas devem ser completas.

1) *What do you like in bed?*

2) *Do you enjoy foreplay?*

3) *What is your favourite sexual position?*

4) *What is the best way to make you come?*

5) *Have you ever faked an orgasm?*

Agora é a sua vez de responder.

EXERCÍCIO 2

Complete as frases com a forma verbal correta: *present simple* ou *present continuous*?

EXEMPLO

He is caressing (to caress) her breasts at the moment.

1) *Usually my boyfriend ___________ (to stimulate) my clitoris before sex.*

2) *Oh, my God, don't stop, I ___________ (to come).*

3) *I think it's sad that more and more women ___________ (to get) breast implants.*

4) *When I ___________ (to go down on) my girlfriend, she doesn't want me to stop.*

5) *Oh, look! The actress in the porn movie ___________ (to suck) the actor's cock!*

6) *She often ___________ (to finger) herself when she is alone.*

7) *He usually ___________ (to wank) every morning before getting out of bed.*

8) *Johnny never ____________ (to caress) his girlfriend's pussy because he's too selfish.*

9) *Sally only ____________ (to give head) when she is really in love.*

10) *Right now, Susie _______________ (to stimulate) her clitoris and Steve _______________ (to jerk off) while he ________________ (to watch) her.*

EXERCÍCIO 3

Complete as frases com a forma verbal correta: *present perfect* ou *past simple*?

EXEMPLO

We tried (to try) reverse cowgirl on her parent's sofa yesterday.

1) *I ____________ (to go) to a swinger's club last month.*

2) *I ____________ (to shag) Julie for three years. We meet once a month.*

3) *She ____________ (to try) fisting but she didn't like it.*

4) *Sorry, I ________ (to come) three times already today I'm not horny any more.*

5) *I'm sorry, John isn't here now. He _____ (just/to go) to the toilet to sort out his big boner.*

6) *I ________ (to fuck) my boss last year at the Company Christmas Dinner.*

7) *I _________ (to stimulate) my clitoris three times already this morning. I just can't stop.*

8) *I ____________ (to swallow) three loads of jism today.*

9) *I _______________ (to swallow) ten loads at the orgy last week.*

10) *When I ___________ (to undress) last night, his cock got very hard.*

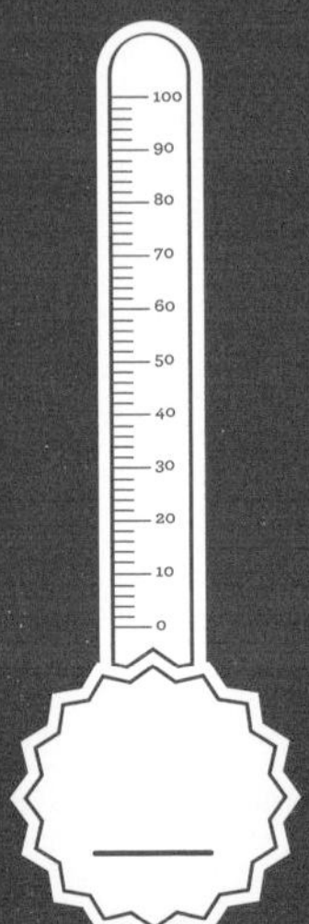

Na cama - *In bed*

PERVERSINÔMETRO

Tudo o que você precisa saber sobre lésbicas, gays, bissexuais e transexuais.

Everything you need to understand about lesbian, gay, bisexual and transexuals.

ORIENTAÇÃO SEXUAL
SEXUAL ORIENTATION

n

- Assexuado - *Asexual*
- Bicurioso - *Bicurious*
- Bissexual - *Bisexual*
- Gay - *Gay*
- Heteroflexível - *Heteroflexible*
- Heterossexual - *Heterosexual, straight*
- Homossexual - *Homosexual*
- Lésbica - *Lesbian*
- Pansexual - *Pansexual*
- Transexual - *Transexual*
- Transgênero - *Transgender*

TERMOS LGBT
GENERAL LGBT STUFF

n

- Bandeira do arco-íris - *Rainbow flag*
- Homofobia - *Homophobia*
- Pessoa que não quer sair do armário - *Closet case**
- Pessoa que sai com gays por dinheiro - *Gay for pay*
- Radar para gays - *Gaydar*

v

- Estar fora do armário - *To be out*
- Estar no armário - *To be in the closet*
- Sair do armário - *To come out*

QUANDO ANUNCIAM QUE VOCÊ É GAY
TO BE OUTED

- James não gostou que seus amigos anunciassem que ele era gay, pois queria sair do armário na hora que achasse melhor.
- *James wasn't happy when his friends **outed** him because he wanted to come out in his own time.*

LÉSBICAS
LESBIAN

TIPOS DE LÉSBICAS
TYPES OF LESBIAN

- As que vão rapidamente viver com sua companheira - *U-Hauls**
- Feminina - *Femme, lipstick lesbian*
- Lésbica - *Dyke**
- Lésbica jovem - *Baby dyke**
- Lésbica que nunca esteve com um homem - *Gold Star lesbian*
- Masculina - *Butch*
- Masculina e jovem - *Baby butch*
- Muito masculina - *Diesel dyke**
- Mulher que é lésbica apenas durante a faculdade - *LUG (Lesbian Until Graduation)*
- Mulher que era lésbica no passado - *Hasbian*
- Sáfica - *Sapphic*

SEXO LÉSBICO
LESBIAN SEX

n

- Cunilíngua - *Cunnilingus*
- Esfregar um corpo no outro - *Body to body rubbing*
- Estimulação clitoridiana - *Clitoral stimulation*
- Sexo com *strap-on*, cinta peniana - *Strap-on sex*
- Tesoura - *Scissoring**
- Tribadismo - *Tribadism, tribbing*

v

- Esfregar - *To rub*
- Fazer a tesoura - *To scissor**
- Introduzir o dedo - *To finger*
- Lamber - *To lick*

SEXO GAY
GAY SEX

n

- Beijo grego - *Analingus, rimming*
- Sexo anal - *Anal sex, buggery, bumming*, sodomy*
- Sexo em banheiros públicos - *Cottaging*, cruising**

GAY
GAY

a n TIPOS DE GAY
TYPES OF GAY MALE

- Ativo - *Active*
- Drag queen - *Drag Queen*
- Gay que nunca esteve com uma mulher - *Gold Star**
- Passivo - *Passive*
- Sarado - *Gym bunny*/Muscle Mary**
- Ursinho - *Cub**
- Urso - *Bear**
- Versátil - *Versatile*
- Virgem anal - *Cherry Boy**

V

- Chupar o sêmen do ânus depois do sexo anal - *Felching**
- Dar um beijo grego - *To ass blow*, to ream, to rim*
- Introduzir a cabeça do pênis no prepúcio de outro - *Docking**
- Praticar sexo anal - *To bum**
- Praticar sexo com um virgem - *To cop a cherry**
- Praticar sexo sem proteção - *To bareback*
- Vários homens penetrando-se em cadeia - *To chain fuck**

a BISSEXUAL
BISEXUAL

- Bissexual - *AC/DC, ambisextrous, bi, bicurious, bicycle, versatile, to swing both ways*

O CÓDIGO DO LENCINHO
HANKY CODE

COR	SIGNIFICADO
Amarelo	Chuva dourada
Azul-claro	Sexo oral
Azul-marinho	Sexo anal
Cinza	Bondage (amarrar, restringir movimentos)
Marrom	*Scat* (fetiche em fezes)
Alaranjado	O que seja, onde seja, quando seja (mas não necessariamente com quem seja)
Preto	Sadomasoquismo
Violeta	Fetichistas de piercing
Vermelho	*Fisting* (enfiar a mão e/ou punho na vagina ou ânus)
Verde	Prostituição

COLOUR	*MEANING*
Yellow	*Water sports*
Light blue	*Oral sex*
Dark blue	*Anal sex*
Grey	*Bondage*
Brown	*Scat*
Orange	*Anything, anywhere, any time (but not necessarily anyone)*
Black	*S&M*
Purple	*Into piercing*
Red	*Fisting*
Green	*Hustler/ Prostitution*

TRANSEXUAL
TRANS

n

- De homem a mulher - *MTF/M2F, male to female, trans woman*
- De mulher a homem - *FTM/F2M, female to male, trans man*
- Pessoa com seios e pênis - *Chick with a dick**
- Pessoa que gosta de se vestir com roupas do gênero oposto - *Crossdresser*
- Transexual - *Transexual, gender bender*, trannie**
- Transexual não operado - *Pre-op*
- Transexual operado - *Post-op*
- Transexual que se torna mulher - *Shemale**
- Transformista - *Transformist*
- Transgênero - *Transgender*
- Travesti - *Transvestite*

A VOZ PASSIVA
PASSIVE VOICE

Subject + auxiliary verb (be) + main verb (past participle)

Importante! O verbo principal sempre fica no particípio passado.

VOZ ATIVA OU VOZ PASSIVA?
ACTIVE OR PASSIVE?

Utilizamos a voz ativa para descrever a ação do sujeito:

· *We* ***use*** *the active form to describe what the subject* ***does.***

Utilizamos a voz passiva para descrever o que acontece com as pessoas e as coisas quando a ação recai sobre elas:

· *The drag queen's dress* ***was designed*** *by Jenny.*

Utilizamos a voz passiva quando não sabemos quem realiza a ação:

· *The flyers for the Transexual beauty pageant* ***were printed*** *in China.*

Utilizamos a voz passiva quando o que foi feito é mais importante que quem o fez:

· *Same-sex marriage* ***has been legalised*** *in many countries.*

TENSE	ACTIVE	PASSIVE
Present Simple	*They celebrate Pride in many big cities around the world.*	*Pride is celebrated in many big cities around the world.*
Present Continuous	*Madonna is playing at the Gay Club.*	*Madonna is being played at the Gay Club.*
Past Simple	*Ilene Chaiken created 'The L Word'.*	*'The L Word' was created by Ilene Chaiken.*
Past Continuous	*They were testing the strap-on when I arrived.*	*The strap-on was being tested when I arrived.*
Present Perfect	*They have opened a lot of gay hotels in the last few years.*	*A lot of gay hotels have been opened in the last few years.*
Future with 'going to'	*They are going to create a new gay app for the iPhone.*	*A new gay app is going to be created for the iPhone.*
Future Simple	*I will finish my equality thesis tomorrow.*	*My equality thesis will be finished tomorrow.*

EXERCÍCIO 1

PRATIQUE COM SEU COMPANHEIR@!

Formule as seguintes perguntas ao seu companheir@.
As respostas devem ser completas.

1) *Have you ever kissed someone of the same sex?*

2) *Have you ever had sex with someone of the same sex?*

3) *Have you ever had sex with a transexual?*

4) *Have you ever watched gay porn?*

5) *Have you ever tried strap-on sex?*

Agora é a sua vez de responder.

EXERCÍCIO 2

PASSAR DA VOZ ATIVA PARA VOZ PASSIVA

Coloque as seguintes orações em voz passiva:

EXEMPLO

Katy is going to choose the drag queen outfits.
The drag queen outfits are going to be chosen by Katy.

1) *They make condoms for anal sex in that factory.*
Condoms for anal sex ______________________ in that factory.

2) *Denmark legalised homosexuality in 1933.*
Homosexuality______________________ in Denmark in 1933.

3) *They will open a new gay sauna next week.*
A new gay sauna ______________________ next week.

4) *They are organising a lesbian party this weekend.*
A lesbian party______________________ this weekend.

5) *They will discuss same-sex marriage at the LGBT rights conference.*
Same-sex marriage ______________________ at the LGBT rights conference.

6) *They have finished the new strap-on design.*
The new strap-on design ______________________ .

7) *I will finish my gay movie script tomorrow.*
My gay movie script ______________________ tomorrow.

8) *Destiny is rehearsing his new drag routine for the first time.*
The drag routine ______________________ for the first time by Destiny.

9) *The publishers have scheduled the re-designed Gay Sex Guide for next month.*
The re-designed Gay Sex Guide ______________________ by the publishers for next month.

10) *They served dinner at 3 pm at my son's gay wedding.*
Dinner ______________________ at 3 pm at my son's gay wedding.

EXERCÍCIO 3

PASSAR DA VOZ PASSIVA PARA VOZ ATIVA

Coloque as seguintes orações em voz ativa:

EXEMPLO

The explicit text messages were read by Peter's boyfriend.
Peter's boyfriend read the explicit text messages.

1) *The president of the Equality board was elected by the general public.*
The general public ________________ **(to elect)** *the president of the equality board.*

2) *Johnny was rimmed by a handsome model.*
A handsome model ______________________ **(to rim)** *Johnny.*

3) *The computer is used by Patrick to browse gay contact pages.*
Patrick ________________ **(to use)** *the computer to browse gay contact pages.*

4) *Wigs are usually worn by drag queens.*
Drag queens usually ________________ **(to wear)** *wigs.*

5) *Strap-ons are sold by Maria.*
Maria ________________ **(to sell)** *strap-ons.*

6) *The Lesbian Sex Guide was written by a woman.*
A woman ________________ **(to write)** *The Lesbian Sex Guide.*

7) *The actor in the gay porn movie was chosen by a well-known director.*
A well-known director ________________ **(to choose)** *the actor in the gay porn movie.*

8) *Anal sex is practised by many homosexual men.*
Many homosexual men ________________ **(to practise)** *anal sex.*

9) *Harnesses and dildos are made in a variety of styles.*
They ________ **(to make)** *harnesses and dildos in a variety of styles.*

10) *A new gay hotel will be opened next week.*
They ________ **(to open)** *a new gay hotel next week.*

EXERCÍCIO 4

ATIVA OU PASSIVA?

Escolha a voz ativa ou a voz passiva dos verbos que estão entre parêntesis. Não se esqueça de utilizar o tempo verbal correto.

1) *That harness ____________ (**to use**) yesterday.*

2) *A butt plug _____________ (**to design**) to be inserted in the anus for sexual pleasure.*

3) *Oh no! The drag queen's expensive jewellery _______________ (**to steal**)! Call the police!*

4) *I hope that gay marriage ______________ (**to legalise**) in the future.*

5) *Strap-ons _____________ (**usually/to use**) by lesbian and bisexual women.*

6) *Kylie Minogue ___________________ (**to perform**) at the Gay festival right now!*

7) *I _______________ (**to learn**) how to give a good blow job at a gay orgy.*

8) *I ______________ (**to teach**) everything I needed to know about tribbing by my first girlfriend.*

9) *'Diva' magazine ______________ (**to read**) by thousands of lesbian and bisexual women.*

10) *Gay porn websites _________ (**to visit**) by many heterosexual or bicurious people every day.*

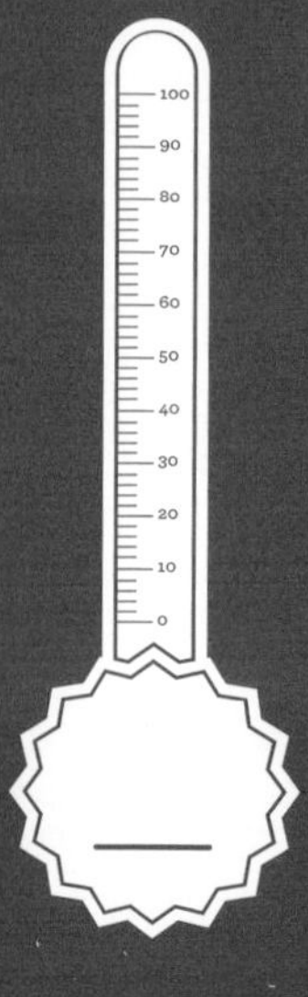

LGTB - *LGBT*

PERVERSINÔMETRO

Compras eróticas
Sexy shopping

IV

Comprar brinquedinhos e acessórios para adultos não é mais algo vergonhoso ou escandaloso. Então, se você quiser ter uma ideia melhor do que pode ser encontrado em sex shops e online, este capítulo será muito útil.

It's no longer an embarrassment or scandal if you want to buy adult toys and accessories. If you want a better idea of what's available in sex shops and online, this will help.

ROUPA ÍNTIMA
UNDERWEAR

n MULHERES
WOMEN

- Body - *Body*
- Bodystocking - *Bodystocking*
- Calcinhas - *Panties, knickers*
- Calcinhas com abertura - *Crotchless panties*
- Calcinhas de cintura alta - *High-waisted panties*
- Cinta-liga - *Suspender belt/garter*
- Corpete - *Bustier, basque*
- Espartilho - *Corset*
- Lingerie - *Lingerie*
- Meias - *Stockings*
- Meia-calça - *Tights*
- Meia soquete - *Socks*
- Sutiã- *Bra*
- Tanga - *Thong/G-string*
- Tanga brasileira - *Brazilians*

- *Cameltoe**

A forma dos grandes lábios da vulva da mulher sob uma roupa muito apertada lembra o casco de um camelo ***(camel toe)*** - *A **cameltoe*** appears when the front part of a woman's tight-fitting underwear, her swimwear or clothing 'wedges' in between her labia and demonstrates its outline which can resemble a literal camel's toe.*

- *Have you seen Sara's **cameltoe**? I'm getting so horny just thinking about it!*

n HOMENS
MEN

- Boxer - *Boxer shorts, boxers*
- Slip - *Briefs*

a PARA FAZER COMPRAS ERÓTICAS
FOR SEXY SHOPPING

- Apertado - *Tight*
- Atrevido - *Revealing*
- Barato - *Cheap*
- Barulhento - *Noisy*
- Cafona - *Tacky*
- Caro - *Expensive*
- Escandaloso - *Scandalous*
- Grande - *Big*
- Horrível - *Awful*
- Indecente - *Nasty*
- Pequeno - *Small*
- Provocativo - *Provocative*
- Realista - *Realistic*
- Sexy - *Sexy*
- Silencioso - *Silent*
- Solto - *Loose*
- Transparente - *transparent/sheer*
- Veste bem/Valoriza o corpo - *Flattering*
- Veste mal/Não valoriza o corpo - *Unflattering*

FANTASIAS SENSUAIS
SEXY COSTUMES

n

- Boá de plumas - *Feather boa*
- Botas - *Boots*
- Catsuit, tipo de macacão colante fetichista - *Catsuit*
- Coelhinha - *Bunny girl*
- Colegial - *Schoolgirl*
- Empregada doméstica - *French Maid's outfit*
- Enfermeira - *Nurse*
- Hábito de freira - *Nun's habit*
- Luvas - *Gloves*
- Luvas longas - *Gauntlets*
- Marinheiro - *Sailor*
- Máscara - *Mask*
- Monge - *Monk*
- Padre - *Priest*
- Peruca - *Wig*
- Policial - *Policeman/Policewoman*
- Salto alto - *High heels*
- Tapa-mamilos - *Nipple tassles/pasties*

BRINQUEDOS ERÓTICOS
SEX TOYS

n

- Anel peniano - *Cock ring*
- Bolas tailandesas - *Ben-Wa balls, vibro balls*
- Bomba peniana - *Penis pump*
- Boneca inflável - *Blow-up doll, Love doll*
- Butt plug, plug anal - *Anal/butt plug*
- Capa extensora peniana - *Extender, PPA (Prosthetic Penis Attachment)*
- Colar tailandês anal/vaginal - *Anal/ vaginal beads*
- Masturbador - *Masturbator, penis sleeve*
- Pênis artificial - *Dildo*
- Pênis artificial duplo - *Double dildo, double dong*
- Prendedor de mamilos - *Nipple clamps*
- Strap-on, cinta peniana - *Strap-on, harness*
- Vibrador - *Vibrator*
- Vibrador em forma de coelho - *Rabbit*
- Vibrador pequeno - *Bullet vibrator*

MATERIAIS DOS BRINQUEDOS ERÓTICOS
SEX TOY MATERIALS

- Cyberskin, pele sintética - *Cyberskin*
- Jelly (material maleável e transparente, de aparência semelhante à gelatina) - *Jelly*
- Látex - *Latex*
- Plástico - *Plastic*
- Silicone - *Silicone*
- Vidro - *Glass*

EXTRA
EXTRA

- Camisinhas - *Condoms*
- Camisinhas com sabor - *Flavoured condoms*
- Lubrificante - *Lubricant, lube*
- Pilhas - *Batteries*
- Pilhas recarregáveis - *Rechargeable batteries*

OFERECIMENTOS E SUGESTÕES *OFFERS AND SUGGESTIONS*

Let's + infinitive

Importante! Às vezes, acrescenta-se ***"Shall we"*** no final da frase.

EXEMPLOS

- ***Let's*** *try a new sex toy,* ***shall we****? - Yes, I'd love to.*
- ***Let's*** *try the double-dong dildo together,* ***shall we****? -* ***Let's*** *not.*
- ***Let's*** *go to the sex shop and buy a new dildo,* ***shall we****? - Ok,* ***let's*** *go!*

Shall I/we + infinitive

EXEMPLOS

- ***Shall we*** *ask about harnesses this afternoon? - No, I think I know enough about them already.*
- ***Shall we*** *compare different styles of nipple clamps? - Oh yes, please!*
- ***Shall we*** *try some flavoured condoms for a change? - No. I prefer normal ones.*

Para fazer uma sugestão ou dar um conselho pode-se utilizar as seguintes palavras e expressões:

Deveria · Por que não? · Se eu fosse você... - *Should · Why don't you...? · Ought to · If i were you, I'd...*

Importante! Todas estas expressões devem ser seguidas de um verbo sem o ***to***.

EXEMPLOS

- *You* ***should*** *always clean your sex toys thoroughly after use.*
- *You* ***shouldn't*** *over-use penis pumps.*
- ***Why don't you*** *try this crotchless bodystocking?*
- *You* ***ought to*** *lubricate yourself before using anal beads.*
- ***If I were you, I'd*** *start with an ordinary catsuit before trying a latex one.*

Suggest · recommend + verb -ing

EXEMPLO

- *I **suggest using** a glass sex toy to tease your boyfriend before you have sex.*

Suggest · recommend + that + verb (sin *to*)

EXEMPLO

- ***I suggest that you use** a glass sex toy to tease your boyfriend before sex.*

Suggest · recommend + noun

EXEMPLO

- ***I recommend cyberskin** over any other material for sensitivity.*

To advise · advice

"*Advice*" é um substantivo incontável.

EXEMPLOS

- *I **advise** you to try a small bullet vibrator first.*
- *Let me give you **some advice**: always use condoms!*
- *She gave me a useful **piece of advice**: to buy the best cock-ring I could afford.*

What/how about + gerund/noun

EXEMPLOS

- ***How about** we start looking for a reliable sex doll?*
- ***How about** shopping online for a scandalous nun's outfit?*
- ***What about** this vibrator?*
- ***What about** something cheaper?*

COMPARAÇÕES
MAKING COMPARISONS

Eis aqui algumas normas que ajudarão a construir comparações em inglês:

· Se o adjetivo tem uma única sílaba, acrescentamos ***-er*** (*small › small**er**, big › bigg**er**, nice › nic**er***).

· Se o adjetivo tem duas sílabas mas termina em *-y*, tiramos esse *-y* e acrescentamos ***-ier*** (*tacky › tack**ier**, sexy › sex**ier***).

· Com adjetivos de duas ou mais sílabas não podemos mudar a terminação. Devemos usar: ***more*** + *adjective* (*flattering › **more** flattering, scandalous › **more** scandalous, etc.*).

· Quando fazemos uma comparação, utilizamos ***than*** (*PVC is cheaper **than** latex; Glass toys are more expensive **than** silicone ones*).

· Quando queremos dizer que algo é parecido, devemos usar ***as … as*** (*PVC is **as** shiny **as** latex; Those panties are **as** tight **as** the ones you wore yesterday*).

· Quando queremos dizer que uma coisa é menos que outra em algo, utilizamos ***less than*** o ***not as… as*** (*This rabbit vibrator is **less** noisy **than** I thought; This dildo is **not as** big **as** I thought*).

Importante! Lembre-se que alguns adjetivos são irregulares e mudam quando fazemos comparações: *good › better; bad › worse; far › further.*

EXPRESSÕES QUALIFICATIVAS
QUALIFYING EXPRESSIONS

É possível modificar a força da comparação utilizando expressões qualificativas:
A lot* · *much* · *a bit* · *slightly* · *far (antes de ***more***) · ***less than***

EXEMPLOS

- *She's **a lot more** provocative when she's wearing lingerie.*
- *This vibrator is **much noisier than** my last one.*
- *This bra is **far more** transparent **than** advertised.*
- *It's **a bit bigger than** I was expecting.*
- *He is **far more** interested in his love dolls **than** in real women.*

EXERCÍCIO 1

PRATIQUE COM SEU COMPANHEIR@!

Utilizando a expressão - *Have you ever...?* formule as seguintes perguntas ao seu companheir@. As respostas devem ser completas.

1) *How many sex toys do you have?*

2) *Do you prefer thongs or panties?*

3) *Is there anything new that you would like to try?*

4) *What is your favourite sex toy?*

5) *Do you use sex toys when you are alone, when you are with your partner or both?*

Agora é a sua vez de responder.

EXERCÍCIO 2

Ligue cada pergunta a seguir à resposta adequada:

1) *Shall we try on our bodystockings and show each other?*
2) *Shall we go somewhere else and see if they've got some brazilians as well?*
3) *Shall we stock up on condoms and lube?*
4) *Shall we ask Vanessa to test the vibrators for us this time?*
5) *What shall we do about batteries?*
6) *When shall we have the next sex-toy party?*
7) *Shall we wear stockings tonight?*
8) *When shall we try the butt plug?*
9) *Shall we go online to find a love doll?*
10) *Shall we try the double dong tonight?*

a) *I guess so, I didn't realise how many we had used.*
b) *I think we should get rechargeable ones for the clitoral stimulator.*
c) *No way! I much prefer real women.*
d) *Next month. That'll give us enough time to organise it.*
e) *Oh yes, what a good idea! She's always up for it.*
f) *Not yet, I need to practise using the anal beads first.*
g) *I've got plenty of them. What I need is a pair of crotchless panties.*
h) *I can't, I don't have any.*
i) *Of course, I think my boyfriend would love to watch us.*
j) *Great idea, mine's crotchless and I'm horny.*

EXERCÍCIO 3

COMPARAÇÕES

Reescreva as seguintes orações:

EXEMPLOS

*This basque is (**expensive**) the corset.*
*This basque is **more expensive than** the corset.*

1) *These condoms are (**cheap**) the ones you bought.*

2) *This rabbit vibe is (**noisy**) I was expecting.*

3) *These nipple tassles are (**tacky**) they looked on the box.*

4) *The latex leggings are (**much/tight**) I remembered.*

5) *My schoolgirl outfit is (**not/scandalous**) yours.*

6) *My sheer panties are (**sexy**) your sister's.*

7) *These crotchless panties are (**not/revealing**) I'd hoped.*

8) *The lingerie in the last shop was (**provocative**) this shop.*

9) *The black bra is (**flattering**) the pink one.*

10) *My friend's dildo is (**realistic**) mine.*

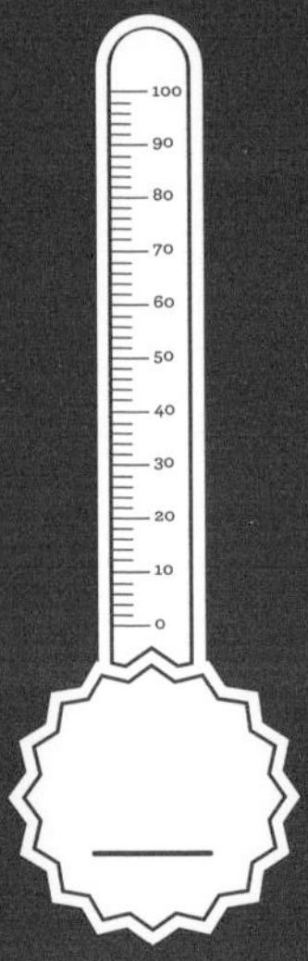

Compras eróticas - *Sexy shopping*

PERVERSINÔMETRO

O lado obscuro
The dark side

Neste capítulo se descubrirá os segredos da linguagem BDSM e outros termos fetichistas que há muito tempo você queria saber.

Here you'll discover the meaning of BDSM language and all the other fetish terms that you've been interested in for longer than you can remember.

ESTILO DE VIDA BDSM
BDSM LIFE STYLE

n

- Bondage, BDSM - *Bondage, discipline/domination, submission/sadism & masochism BDSM*
- Consentimento - *Consent*
- Contrato de submissão - *Slave/submission contract*
- Disciplina - *Discipline*
- Dominação - *Domination*
- Dominação feminina - *Femdom, female domination*
- Dominação masculina - *Maledom, male domination*
- Fetichismo - *Fetish, fetishism*
- Masoquismo - *Masochism*
- Palavra de segurança - *Safe word*
- Sadismo - *Sadism*
- Sadomasoquismo - *S&M, sadism and masochism, sadomasochism*
- Sessão BDSM - *Scene, a BDSM session*
- Submissão - *Submission*

v

- Adorar - *To worship*
- Ajoelhar-se - *To kneel*
- Amarrar - *To tie up*
- Bater - *To spank*
- Castigar - *To punish*
- Chicotear - *To lash, to whip*
- Comportar-se bem - *To behave*
- Comportar-se mal - *To misbehave*
- Dar ordens - *To give orders*
- Dar um nó - *To tie a knot*
- Disciplinar - *To discipline*
- Dominar - *To dominate*
- Fantasiar-se - *To dress up*
- Fazer cócegas - *To tickle*
- Jogar - *To play*
- Lamber - *To lick*
- Negar-se - *To deny*
- Obedecer - *To obey*
- Provocar - *To provoke*
- Recompensar - *To reward*
- Ser privado de algo - *To deprive*
- Suplicar - *To beg*

PAPÉIS
ROLES

n

- Baunilha, pessoa que não pratica o BDSM - *Vanilla*
- Dominador (homem) - *Dom, dominant, master*
- Domme/dominatrix - *Dominatrix, domme, mistress*
- Escrav@ - *Slave*
- Masoquista - *Masochist*
- Mestre/Senhora - *Master/Mistress*
- Pessoa que pratica tanto dominação como submissão - *Switcher*
- Sádic@ - *Sadist*
- Submiss@ - *Sub, submissive*

V

CAIXA DE ACESSÓRIOS BDSM
BDSM TOY BOX

n

- Algemas - *Handcuffs*
- Anel peniano - *Cock ring*
- Ball gag, mordaça com bola - *Ball Gag*
- Cabo de chicote - *Crop*
- Cadeado - *Padlock*
- Chicote - *Whip*
- Chicote de nove pontas - *Cat O'Nine Tails*
- Coleira e correia - *Collar and leash*
- Corda - *Rope*
- Correntes - *Chains*
- Fita para bondage - *Bondage tape*
- Máscara - *Mask*
- Palmatória - *Paddle*
- Pena - *Feather*
- Pênis artificial - *Dildo*
- Prendedor de mamilos - *Nipple clamps*
- Strap-on, cinta peniana - *Strap-on*
- Vela - *Candle*
- Venda - *Blindfold*

MOBÍLIA DA MASMORRA
DUNGEON FURNITURE

n

- Balanço - *Swing*
- Banco de spanking - *Spanking bench*
- Cruz - *Cross*
- Cruz de Santo André - *Saint Andrew's Cross*
- Jaula - *Cage*
- Trono de adoração - *Worship throne*

JOGOS BDSM
BDSM PLAYTIME

n

- Bondage (amarrar, restringir movimentos) - *Bondage, restraint*
- Bondage japonês (amarração em estilo japonês, com formas elaboradas) - *Shibari*
- Castigo - *Punishment*
- Castigo com a vara - *Caning*
- Chuva dourada - *Golden shower, water sports*
- Deveres - *Duties*
- Dominação financeira - *Financial domination*
- Flagelação - *Flagellation*
- Jogos com cera quente - *Wax play*
- Jogos de assumir papéis - *RPG, Role Play Games*
- Privação - *Deprivation*
- Privação sensorial - *Sensory deprivation*
- Quando uma mulher penetra o ânus de um homem com um pênis artificial - *Pegging*
- Spanking (bater com as mãos, chicotes, palmatórias etc) - *Spanking*
- Suspensão - *Suspension*
- Vestir com roupas do sexo oposto - *Cross dressing*

v

- Fazer de cachorrinho - *Puppy play*
- Fazer de cavalinho - *Pony play*
- Lamber botas - *Bootlicking*

· SSC

Todo jogo **BDSM** deve ser **SSC**, ou seja, **são, seguro e consensual.** - *All BDSM games should be* ***safe, sane and consensual.***

FETICHES
FETISHES

Excitação sexual provocada pela presença ou existência de um objeto, de uma parte do corpo não relacionada com o aparelho genital ou de uma ação. O objeto pode ser o látex ou saltos altos; a parte do corpo podem ser as pernas ou os pés, e fazer cócegas ou fumar são exemplos de algumas ações.

n OBJETOS
OBJECTS

· Bexigas, balões - *Balloons*
· Couro - *Leather*
· Látex - *Latex*
· Luvas - *Gloves*
· Meias - *Stockings*
· Óculos - *Glasses*
· PVC - *PVC*
· Salto alto - *Heels*
· Venda - *Blindfolds*

n PARTES DO CORPO ASSOCIADAS AO FETICHISMO
BODY PARTS ASSOCIATED WITH FETISHISM

- Axilas - *Armpits*
- Cabelo longo - *Long hair*
- Coxas - *Thighs*
- Lábios - *Lips*
- Pé/pés - *Foot/feet*
- Pelos pubianos - *Pubic hair*
- Pernas - *Legs*
- Pescoço - *Neck*
- Unhas - *Nails*

v AÇÕES
ACTIONS

- Brincar com comidas doces - *Sploshing*
- Fazer a limpeza - *Cleaning*
- Fazer cócegas - *Tickling*
- Fumar - *Smoking*
- Lamber botas - *Bootlicking*
- Pisar - *Trampling*
- Quando a mulher se senta sobre o rosto do parceiro para receber sexo oral - *Facesitting*

n ROUPA FETICHISTA
FETISHWEAR

- · Aberturas - *Openings*
- · Abrilhantador para látex - *Shiner*
- · Arreio - *Harness*
- · Borracha - *Rubber*
- · Botas - *Boots*
- · Calcinha com abertura - *Crotchless panties*
- · Capuz - *Hood*
- · Catsuit, tipo de macacão colante fetichista - *Catsuit*
- · Coleira - *Collar*
- · Corpete - *Basque, bustier*
- · Corset - *Corset*
- · Couro - *Leather*
- · Látex - *Latex*
- · Leggings - *Leggings*
- · Ligas - *Suspenders*
- · Luvas - *Gloves*
- · Luvas altas - *Gauntlets*
- · Máscara - *Mask*
- · Meias - *Stockings*
- · Meias com costura atrás - *Retro Seamed stockings*
- · PVC - *PVC*
- · Zíper - *Zips*

VERBOS MODAIS
MODAL VERBS

Habilidade, permissão e proibição - *Ability, permission and prohibition*

TYPE/USE	MODAL VERBS	EXAMPLE
1. Ability	*Can*	*Maria* ***can*** *walk in extra-high heels.*
2. Asking for permission	*May, can, could*	***Could*** *I lick your boots?*
3. Giving permission	*May, can*	*You* ***can*** *use my whip.*
4. Refusing permission, prohibition	*Can't, may not*	*You* ***may not*** *talk in my dungeon.*
5. Prohibition	*Mustn't*	*You* ***mustn't*** *disobey me.*

Solicitações, obrigação, não obrigação e recomendação - *Requests, obligation, no obligation and recommendation*

TYPE/USE	MODAL VERBS	EXAMPLE
6. Requests	*Can, could*	***Can** you pass me the shiner?*
7. Obligation	*Have to, must*	*Alice **has to** wear a basque tonight.* *You **must** wear latex to the Rubber Ball.* *She **had to** wear latex to the Rubber Ball.* **IMPORTANTE!** *Must* é mais forte que *have to*. *Must* só é usado com o *present simple*.
8. No obligation	*Don't have to*	*She **doesn't have to** serve him tonight.*
9. Recommendation	*Should, ought to*	*You **shouldn't** misbehave so often.* *You **ought to** start your duties now.* **IMPORTANTE!** *Ought* não é utilizado em negativas.

EXERCÍCIO 1

PRATIQUE COM SEU COMPANHEIR@!

Formule as seguintes perguntas ao seu companheir@.
As respostas devem ser completas.

1) *Do you have any fetishes?*

2) *Have you ever tried bondage?*

3) *Do you prefer dominant or submissive roles?*

4) *Have you ever been to a fetish party?*

5) *Would you like to explore any new fetishes/BDSM activities?*

Agora é a sua vez de responder.

EXERCÍCIO 2

Resolva as palavras cruzadas

HORIZONTAL

1) *Person who likes to change roles.*

3) *Something worn on the hands.*

4) *When a hand makes contact with the buttocks.*

5) *Long, stiff and made of wax.*

6) *You can wear this to cover your eyes.*

9) *A woman in charge.*

10) *You'll need this if you wear latex.*

11) *The best catsuits have these to enable easy access.*

13) *This is what happens when you are bad.*

14) *A demonstration of devotion.*

17) *A formal document to prove your devotion.*

VERTICAL

1) *You must decide on this before any BDSM scene.*

2) *Handing control over to your Master/Mistress.*

5) *A dog and a slave can wear this.*

7) *Conventional sex is described as...*

8) *Metallic restraining device for the wrists.*

12) *When a man receives a strap-on in the anus.*

15) *The desire to be punished.*

16) *Formal clothing for a feline.*

18) *The act of tying up for pleasure.*

EXERCÍCIO 3

Complete as orações com o verbo modal correto. Escolha um dos seguintes:

Can · can't · could · may · may not · mustn't

EXEMPLO

Could you lend me your handcuffs until next week?

IMPORTANTE! Pode haver mais de uma resposta válida.

1) *You _________ untie yourself now if you wish.*
2) *Yes, you _________ call me 'Mistress'. It really turns me on.*
3) *_________ you walk in high heels?*
4) *Listen carefully. You _________ speak when I am speaking.*
5) *You _________ smoke in my dungeon.*
6) *_________ I massage your feet?*
7) *Do you know if Hugo _________ tie Shibari knots?*
8) *_________ I kneel here and beg?*
9) *Slave X, _________ have a little reward if he is good.*
10) *I'm sorry but you _________ use the worship throne until I have finished with it.*

EXERCÍCIO 4

Sublinhe o verbo modal correto:

EXEMPLO

Slave contracts are difficult to follow. They (should/can) make the typeface bigger.

1) *If you want your latex catsuit to shine you (shouldn't/can) use cheap lubricant.*
2) *It's okay. You (don't have to/must) kiss my high-heel boots if you don't want to.*
3) *Stupid slave! You (should/mustn't) disobey me.*
4) *You haven't received any instructions from your domme for over 25 minutes. Perhaps you (mustn't/should) go online and beg for her attention.*
5) *You (may/have to) wear a corset and mask or they won't let you into the fetish ball tonight.*
6) *You (could/shouldn't) practise BDSM with total strangers, it's extremely dangerous.*
7) *You (could/dont't have to) beg me. I heard you the first time but I was ignoring you.*
8) *You (can't/shouldn't) take BDSM so seriously. It's just a bit of fun.*
9) *Cheap whips are no good at all. If you want one that lasts, you (ought to/can) go to a good sex shop.*
10) *You (should/mustn't) agree on a safe word with your sub before you start tying them up.*

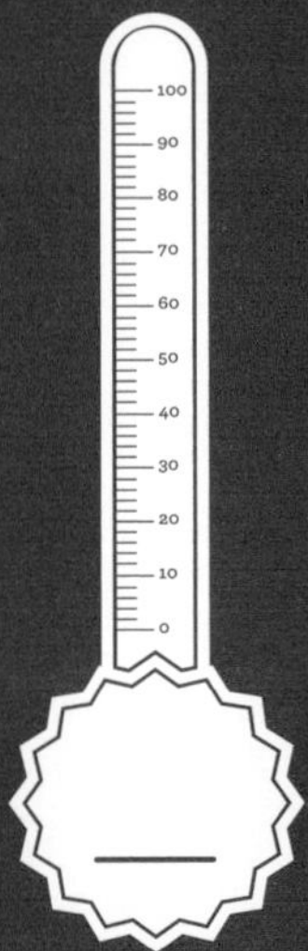

O lado obscuro - *The dark side*

PERVERSINÔMETRO

Pornografia
Porn

VI

O inglês é o idioma mais comum na pornografia. Conhecer os jargões da indústria pornográfica ajudará você a encontrar exatamente aquilo que está procurando online, sem ser obrigado a olhar as imagens e tentar adivinhar o seu conteúdo.

English is the most popular language found in pornography. Understanding the industry's jargon will help you find exactly what you want online, without having to look at screen-shots and guess the content.

GÊNEROS DE PORNOGRAFIA
PORN GENRES

n

- Amador - *Amateur*
- Atores asiáticos - *Asian sex*
- Atores com piercings e tatuagens - *Goth/ Alternative*
- Atores de raças distintas - *Interracial*
- Atores latinos - *Latin*
- Atores mais velhos - *Mature sex*
- Atores negros - *Black*
- Atores peludos - *Hairy*
- Atores que fazem striptease - *Stripper*
- Atores que fumam - *Smoking*
- BDSM - *BDSM*
- Bissexual - *Bisexual*
- Boquetes - *Blow jobs*
- Bukkake (vários homens ejaculando no rosto de uma pessoa, em geral mulher. Originalmente era uma punição usada para adúlteras no Japão feudal) - *Bukkake*
- Coisas estranhas - *Oddities*
- De quatro - *Doggy (doggystyle)*
- Desenhos animados - *Animé/Hentai*
- Do cu para a boca - *Ass to mouth (ATM)*
- Dos anos 70 ou 80 - *Classic/Vintage*
- Duas mulheres - *Girl on girl*
- Dupla penetração - *Double penetration (DP)*
- Ejaculação - *Cumshot (external or internal)*
- Ejaculação dentro - *Internal cumshot, creampie*
- Ejaculação feminina - *Squirting*
- Ejaculação no rosto - *Facial cumshot*
- Estrangeiro - *Foreign*
- Famosos - *Celebrity sex tapes*
- Fetichismo - *Fetish*
- Gangbang (vários homens e uma só mulher) - *Gangbang*
- Gay - *Gay*
- Gonzo (filme com menos história e produção e mais cenas de sexo, onde o diretor pode também filmar e/ou atuar) – *Gonzo*
- Heterossexual - *Straight*
- Masturbação - *Masturbation*
- Milf (mães que dão tesão) - *MILF (Moms I'd like to Fuck)*
- Missionário - *Mish* (abreviatura de *missionary*), *man on top, face to face*

- Mulheres gordas - *Big Beautiful Women (BBW)*
- Mulheres por cima - *Cowgirl, reverse cowgirl*
- Novidades - *New releases*
- Orgia - *Orgy*
- Paródia - *Parody*
- Pés - *Feet*
- Ponto de vista - *POV (Point of View)*
- Pornografia para casais - *Porn for couples*
- Pornografia para mulheres - *Porn for women*
- Seio visto de baixo - *Underboob*
- Seio visto de lado - *Sideboob*
- Seios grandes - *Big tits*
- Só mulheres - *Veggie scene, all girl*
- Spanking (bater com as mãos, chicotes, palmatórias etc) - *Spanking*
- Strap-on, cinta peniana - *Strap-on*
- Upskirt, vista por baixo da saia - *Upskirt*

a

- Anal - *Anal*
- Educativo - *Educational*
- Não muito forte - *Softcore*
- Transexual - *Transexual*

EM UM SET PORNÔ
ON A PORN SET

n

- Ator de filmes pornográficos - *Porn actor/star*
- Atriz de filmes pornográficos - *Porn actress/starlet*
- Câmera - *Camera*
- Cena - *Scene*
- Diretor - *Director*
- Pessoa que mantém a ereção dos atores entre as cenas - *Fluffer*
- Roteiro - *Script*

PORNOGRAFIA OFFLINE
OFFLINE PORN

n

- Cabines - *Peep-show, booth*
- Revista pornográfica - *Dirty magazine, dirty book, jazz mag, porn mag, porn magazine, smut*, stroke literature, top-shelf magazine*

MAIS PORNOGRAFIA
PORN EXTRAS

n

- Amigo que guarda o seu estoque de pornografia - *Porn buddy*
- Estoque de pornografia - *Porn stash*

EXEMPLO

- *Ben is my **porn buddy**, he always hides my **porn stash** for me.*

v

- Adiantar - *To fast-forward*
- Baixar - *To download*
- Bater punheta com pornografia - *To wank off to porn, to wank over porn*
- Devolver - *To return*
- Emprestar - *To lend*
- Esconder - *To hide*
- Filmar (seu próprio filme) - *To shoot (your own movie)*
- Gostar - *To enjoy*
- Gravar - *To record*
- Pausar - *To pause*
- Pedir emprestado - *To borrow*
- Retroceder o filme - *To rewind*
- Saltar - *To skip*
- Ser pego em flagrante - *To get caught*
- Subir - *To upload*
- Ver online - *To stream*
- Ver, olhar - *To watch*

a

- Asqueroso - *Disgusting*
- Classificação X - *X-rated*
- Degradante - *Degrading*
- Divertido - *Funny*
- Educativo - *Educational*
- Erótico - *Erotic*
- Escandaloso - *Scandalous*
- Estimulante - *Empowering*
- Excitante - *Arousing, horny*
- Explícito - *Explicit*
- Explorador - *Exploitative*
- Forte - *Hardcore*
- Imoral - *Immoral*
- Interessante - *Interesting*
- Perigoso - *Dangerous*
- Provocante - *Provocative*
- Que prende a atenção - *Entertaining*
- Quente - *Hot*
- Sensual - *Sexy*
- Sujo - *Dirty*
- Tedioso - *Boring*
- Vergonhoso - *Disgraceful*

O FUTURO
THE FUTURE

WILL + VERB

Utilizamos *will* para as decisões e intenções simultâneas ao tempo da narração.

EXEMPLOS

- *I can't find any good animé clips on this website.* ***I'll*** *try another one.*
- *Hurry up and decide! - Ok.* ***I'll*** *choose the Asian babes film.*

Utilizamos *will* para pedir alguma coisa.

EXEMPLOS

- ***Will*** *you buy me some top quality Japanese porn next time you go to Tokyo?*
- ***Will*** *you give me a blow job while I watch this film?*

WILL + VERB

Utilizamos *will* para fazer oferecimentos.

EXEMPLOS

- *I'm horny.* ***I'll*** *suck you off like a porn star if you want.*
- *I need to sell my vintage porn magazines.*
- ***I'll*** *help you.*

Utilizamos *will* para fazer promesas.

EXEMPLOS

- *I promise* ***I'll*** *give you the DVD back tomorrow.*
- *I promise* ***I'll*** *do everything that the porn actresses do.*

GOING TO + VERB

Utilizamos *going to* para as decisões e intenções anteriores ao momento da narração.

EXEMPLOS

- *Tonight I'm **going to** watch that squirting video you downloaded. I can't wait.*
- *I'm **going to** skip this scene. I've seen it before and it's really boring.*

GOING TO + VERB

Os planos do fim de semana/ futuras férias etc. costumam ser feitos antes do tempo da narração.

EXEMPLOS

- *What are you doing this weekend?*
- *I'm **going to** shoot a home porn movie with my girlfriend.*
- *I'm **going to** take a long vacation in Mexico after we finish filming this porn movie.*

PREVISÕES

Will e *going to* também são utilizados para fazer previsões. De forma geral, há pouca diferença entre eles.

EXEMPLOS

- *I think my favourite porn starlet **will** retire soon.*
- *I think my favourite porn starlet is **going to** retire soon.*
- *I think Polish porn **will** be huge next year.*
- *I think Polish porn is **going to** be huge next year.*

Mas quando uma previsão se baseia em uma evidência que podemos ver, sentir ou ouvir, utilizamos *going to*.

EXEMPLOS

- *My cock is really hard, I think I'm **going to** come soon.*
- *Oh no! I forgot to hide my porn stash. I think my girlfriend's **going to** find it.*

EXERCÍCIO 1

PRATIQUE COM SEU COMPANHEIR@!

Formule as seguintes perguntas ao seu companheir@.
As respostas devem ser completas.

1) *How often do you watch porn?*

2) *Do you prefer amateur or professional porn?*

3) *What is your favourite porn genre?*

4) *Do you prefer to watch porn with your partner or alone?*

5) *Would you like to record your own porn movie?*

Agora é a sua vez de responder.

EXERCÍCIO 2

TESTE DA PORNOGRAFIA

Verdadeiro ou falso? Compare e contraste as suas respostas com as do seu companheir@ e defendam seus pontos de vista.

1) *Porn is immoral. True/False*

2) *Porn is a good way to learn about sex. True/False*

3) *I would never date a porn star. True/False*

4) *Most female orgasms in porn films are fake. True/False*

5) *Porn is just used for masturbation. Nothing else. True/False*

6) *It's difficult to find good porn online. True/False*

7) *Many people who criticise pornography are actually consumers themselves. True/False*

8) *I watch too much porn. True/False*

9) *Porn empowers women. True/False*

10) *My taste in porn is getting more and more extreme. True/False*

EXERCÍCIO 3

Termine as frases:

1) *Why are you looking so nervous?*
2) *Do you want to download or stream this movie?*
3) *I want to have some more squirting videos for my collection.*
4) *I can't understand the menu on this imported Hentai DVD.*
5) *Did you phone Carlos about his porn casting?*
6) *Would you like to come to my house to check out my porn stash?*
7) *I have no idea how to make a woman come.*
8) *What are your plans for this weekend?*
9) *I think you still have some of my favourite porn DVDs.*
10) *It's getting really humid in this porn cinema.*

a) *I think I'll download it in case it's so horny that I want to wank over it again later...*
b) *Good idea. I'll bring some from my own collection.*
c) *Don't worry, this educational porn film will help you.*
d) *I'm going to interview a famous porn actress for a magazine article.*
e) *I'm going to download some couple's friendly porn and watch it with my girlfriend.*
f) *I will ask the management to turn the ventilation system up.*
g) *Don't worry. I'll help you translate it.*
h) *I know. I'll return them soon, I promise.*
i) *I'm sorry. I completely forgot. I'll do it now.*
j) *I'll go online to find you the best ones.*

EXERCÍCIO 4

'WILL' VERSUS 'GOING TO'

Complete as orações com o verbo em sua forma correta:

EXEMPLO

*I've got the best bukkake collection imaginable, **I'll lend** (**to lend**) it to you.*

1) *What are you going to do later? - I ____________ (**to wank**) over some porn and then go to sleep.*

2) *I promise I ____________ (**to return**) your bukkake DVD tomorrrow.*

3) *I ____________ (**to buy**) a new hard-drive because my current one is full of porn videos.*

4) *I can't wait for tonight. Me and my girlfriend ______________ (**to upload**) our new amateur porn clip on a new couple's porn website.*

5) *Just a moment please. Let me finish my coffee and then I __________ (**to help**) you hide your porn stash.*

6) *I don't know where to find the best MILF videos online. - Really? I _____________ (**to show**) you my list of favourites. There are some really good ones.*

7) *I've just noticed that I'm feeling really horny. I think I __________ (**to wank**) over some porn.*

8) *Lie down with your legs open and I _________ (**to lick**) your pussy just like they did in that girl on girl DVD last night.*

9) *Oh no, I've just deleted my entire porn collection by mistake. - Don't worry. I _____________ (**to download**) my favourite scenes from my collection onto a USB for you. You definitely need something new to wank over.*

10) *Which scene do you want to shoot next? - I think we ___________________ (**to shoot**) the cumshot. Let's ask the actor if he is ready for it.*

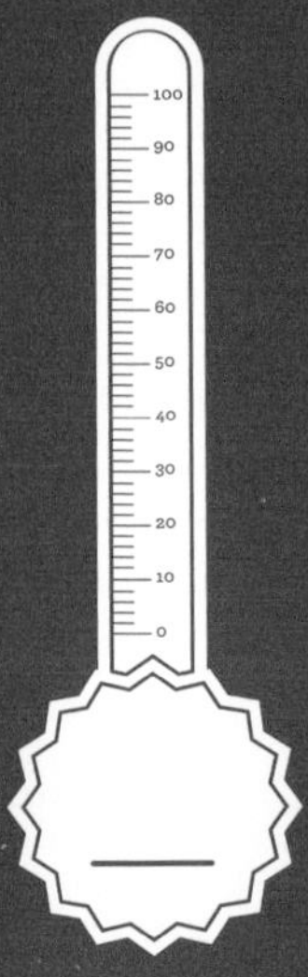

Pornografia - ***Porn***

PERVERSINÔMETRO

VII

Perversões online
Online perversions

Neste capítulo você encontrará tudo o que precisa saber para se embrenhar no mundo das perversões online: dos chats às páginas de contatos e ao sexo virtual.

An understanding of porn categories and terms is directly transferable to the ever expanding world of online perversions. Everything you need to know for webchat, contact pages and cybersex.

PÁGINAS DE CONTATOS / SITES DE RELACIONAMENTO
CONTACT PAGES/DATING SITES

n

- Eu gostaria de conhecer... - *Would like to meet (WLTM)*
- Homem procura homem - *Male Seeking Male (MSM)*
- Homem procura mulher - *Male Seeking Female (MSF)*
- Homem procura mulher ou homem - *Male Seeking Female or Male (MSFM)*
- Mulher procura homem - *Female Seeking Male (FSM)*
- Mulher procura homem ou mulher - *Female Seeking Male or Female (FSMF)*
- Mulher procura mulher - *Female Seeking Female (FSF)*

TIPOS DE RELAÇÃO
RELATIONSHIP STATUS

n

- Casado - *Married*
- Comprometido - *Engaged*
- Em um relacionamento - *In a relationship*
- Em uma relação aberta - *In an open relationship*
- Infiel - *Unfaithful*
- Praticante de troca de casais - *Swinger*
- Solteiro - *Single*
- Tendo um caso - *Having an affair*

O QUE VOCÊ ESTÁ PROCURANDO?
WHAT ARE YOU LOOKING FOR?

n

- Ação instantânea - *Instant action*
- Amig@ com direito a sexo - *Friend with benefits*
- Amizade - *Friendship*
- Amor - *Love*
- Casamento - *Marriage*
- Conversa pela internet - *Webchat*
- Sexo casual - *Casual sex, no strings*
- Sexo virtual - *Cybersex*
- Um encontro - *A date*
- Uma aventura - *An affair*
- Uma relação - *A relationship*

v

- Adicionar um contato - *To add a contact*
- Conectar - *To connect*
- Conhecer uma pessoa para sexo - *Hook-up*
- Conversar online - *To chat*
- Encontrar - *To find*
- Encontrar-se com (alguém) - *To meet (someone)*
- Enviar - *To send*
- Excluir sua inscrição - *To cancelar your subscription*
- Excluir um contato - *To delete a contact*
- Falar reservadamente - *To go private*
- "Ganhar" alguém - *To pull*
- Iniciar sessão - *To start session*
- Inscrever-se em alguma coisa na rede - *To subscribe*
- Navegar na internet - *To browse*
- Procurar - *To search (for)*
- Registrar-se - *To sign up/to register*

SIGLAS PARA CONVERSAR EM CHATS
CHAT ACRONYMS

- A mesma merda - *sos (Same Old Shit)*
- Abraço e beijo - *h&k (Hug and Kiss)*
- Agora mesmo - *atm (At The Moment)*
- Agora não - *natm (Not At The Moment)*
- Ah, entendi - *oic (Oh, I See)*
- Aliás - *btw (By The Way)*
- Antes - *b4 (Before)*
- Assim que for possível - *asap (As Soon As Possible)*
- Até breve - *sys (See You Soon)*

Off
Options

- Até depois - *l8r (Later, goodbye)*
- Até logo - *cu (See You), cya (See Ya), ttfn (Ta Ta For Now)*
- Até outra hora - *bfn (Bye For Now)*
- Baixando - *dl, d/l (Download, Downloading)*
- Beijo - *mwa*
- Beijos e abraços - *xoxo (Hugs and Kisses;* os "x" são beijos e os "o" são abraços*)*
- Bem-vindo de volta - *wb (Welcome Back)*
- Boa sorte - *gl (Good Luck)*
- Cale a boca - *stfu (Shut The Fuck Up)*
- Cara a cara - *f2f (Face To Face)*
- Carregando arquivos - *ul, u/l (Upload, Uploading)*
- Certo, está bem - *k, kk (Okay, alright)*
- Como vai? - *hru (How Are You?)*
- Companheiro/a - *so (Significant Other)*

- De nada - *yw (You're Welcome)*
- Foda-se - *fts (Fuck That Shit)*
- E-mail - *emsg (Email Message)*
- Espere - *h/o (Hold On)*
- Está bem, obrigado - *kthx (Okay Thanks)*
- Está bem, obrigado, tchau - *kthxbi (Okay Thanks, Bye)*
- Estava aqui pensando... - *jw (Just Wondering)*
- Estou brincando - *jk, j/k (Just Kidding)*
- Estou feliz em ver você - *gtsy (Glad To See You)*
- Estou no telefone - *otp (On The Phone)*
- Falo com você mais tarde - *ttyl (Talk To You Later)*

- Gente - *ppl (People)*
- Idade, sexo, onde mora - *asl?, a/s/l what's your (Age, Sex, and Location?)*
- Inconveniente, desagradável, uma merda (fato ou pessoa) - *pita (Pain In The Ass)*
- Já volto - *brb (Be Right Back)*
- Longe do teclado - *afk (Away From Keyboard)*
- Mensagem instantânea - *im (Instant Message)*
- Mensagem particular - *pm (Private Message)*
- Meu Deus! - *omg! (Oh, My Gosh!, Oh, My God!)*
- Meus pais estão ouvindo - *pal (Parents Are Listening)*
- Mijando de rir - *lmfao (Laughing My Fucking Ass Off)*
- Moça bonita - *qt (Cutie)*
- Na minha humilde opinião - *imho (In My Humble Opinion)*
- Na minha opinião - *imo (In My Opinion)*
- Na vida real - *irl (In Real Life)*
- Namorada - *gf (Girlfriend)*
- Namorada, esposa - *ol (Old Lady)*
- Namorado - *bf (Boyfriend)*
- Namorado, marido - *om (Old Man)*
- Não importa - *nm, n/m, nvm (Never Mind)*
- Não se preocupe - *d/w (Don't Worry)*
- Não sei - *idk (I Don't Know)*
- Não tem pressa - *tyt (Take Your Time)*
- Nem fodendo! - *nfw! (No Fucking Way!)*

- O que você está fazendo? - *wru doin'? ('What Are You Doing?')*
- Obrigado - *thx (Thanks), ty (Thank You)*
- Ótimo - *vn (Very Nice)*
- Para sua informação - *fyi (For Your Information)*
- Por favor - *pls, plz (Please)*
- Porque - *bc, b/c (Because)*
- Puta falta de sorte - *sol (Shit Out of Luck)*
- Quanto tempo! - *ltns (Long Time No See)*
- Quais as novas? - *sup? (What's up?, Wassup?)*
- Que merda é essa? - *wts? (What's That Shit?, What The Shit?)*
- Que porra é essa? - *wtf? (What The Fuck?)*
- Quer falar em particular? - *wtgp? (Want To Go Private?)*
- Rindo muito - *lol (Laughing Out Loud)*
- Rolando de rir - *lmao (Laughing My Ass Off)*
- Seja como for - *w.e, w/e (Whatever)*
- Sem chance! - *nfl (Not Fucking Likely!)*
- Sem comentários - *nc, n/c (No Comment)*
- Sem problemas - *np (No Problem)*
- Sempre a mesma merda - *ssdd (Same Shit, Different Day)*
- Sério - *srsly (Seriously)*
- Seu - *ur (Your)*
- Sinto muito - *sry (Sorry)*
- Só para você ficar sabendo - *jtlyk (Just To Let You Know)*
- Tchau, filho da puta - *amf (Adiós, Mother Fucker)*
- Te adoro! - *lyl (Love Ya Lots!)*

- Tenho de sair correndo - *gr (Gotta Run)*
- Tenho que ir - *gg, g/g (Gotta Go), gtg, g2g (Got To Go)*
- Você está aí? - *yt? (You There?)*
- Você vai se arrepender - *ybs (You'll Be Sorry)*
- Vida real - *rl (Real Life)*
- Você - *u (You)*
- Volte logo - *hb (Hurry Back)*
- Volto mais tarde - *bbl (Be Back Later)*

FAZER SEXTING
SEXTING

Enviar mensagens com conteúdo sexual pelo celular - *To send messages that contain sexual content via mobile telephone.*

- *I wish Dave would stop* ***sexting*** *me. I already have hundreds of pictures of his cock.*

PRIMEIRO CONDICIONAL
FIRST CONDITIONAL

Possibilidades reais no futuro - *Real possibilities in the future*

IF	CONDITION	RESULT
IF	PRESENT SIMPLE	WILL + VERB
If	*my girlfriend breaks up with me,*	*I will go online to find someone else.*

Utilizamos o Primeiro condicional para oferecimentos, sugestões, avisos e ameaças.

EXEMPLOS

- ***If*** *you sign up for two months, you* ***will get*** *one month for free!*
- ***If*** *the video quality on this porn website doesn't improve, I* ***will cancel*** *my subscription.*

EXERCÍCIO 1

PRATIQUE COM SEU COMPANHEIR@!

Formule as seguintes perguntas ao seu companheir@.
As respostas devem ser completas.

1) *Have you ever used any online contact pages?*

2) *Do you prefer to meet people online or in a bar?*

3) *Do you enjoy sexting?*

4) *Have you ever had cybersex?*

5) *Are you subscribed to any websites with Adult content?*

Agora é a sua vez de responder.

EXERCÍCIO 2

Reescreva o diálogo a seguir em sua forma completa.

EXEMPLO

—Slave X: thx 4 ur emsg hru?
Thanks for your email message, how are you?

—Goddess69: *ssdd. Tell me more about urself. Asl?*

—Slave X: *28, yes pls, London, u?*

—Goddess69: *lmao! 25, also yes pls. Edinburgh*

—**Slave X:** *sol! Srsly?*

—**Goddess69:** *sry it's a bit far for f2f I no*

—**Slave X:** *nm, can we still do cybersex thing?...ur such a qt...u make me hard*

—**(5 minutes later...) Slave X:** *u there?*

—**Goddess69:** *sry otp brb*

—**Slave X:** *l8r?*

—**Goddess69:** *k ttyl xoxo*

EXERCÍCIO 3

Junte as seguintes frases:

1) *I'm warning you. If you are not careful,*
2) *Listen to me! If you don't pay,*
3) *If you have cybersex with your ex-girlfriend again,*
4) *You will get into trouble and you may lose your job,*
5) *I'm being serious. You will have serious problems with your partner,*
6) *If I don't see you online tonight,*
7) *My girlfriend is such a flirt. I won't be surprised*
8) *You will see my nude pictures*
9) *I promise I will help you find someone online tomorrow,*
10) *If I can't find a decent shag tonight at the nightclub*

a) *I will see you next week for another cybersex session.*
b) *if you don't pull tonight.*
c) *if she is chatting to her ex-boyfriend again on skype with her tits out.*
d) *if you don't control your sexting addiction.*
e) *if you continue to browse porn sites at work.*
f) *you will spend all your hard-earned cash on live webchat shows.*
g) *if you click on the link below. I hope you like them.*
h) *I will break up with you. This is your last warning.*
i) *I will register on a dating site tomorrow for some no-strings attached sex.*
j) *I will end this webchat session right now!*

EXERCÍCIO 4

Primeiro condicional. Complete as orações utilizando o verbo que aparece entre parêntesis. Algumas delas precisam de um verbo em forma **negativa**!

EXEMPLO

If you chat ***(to chat)*** *to your ex-girlfriend again on messenger, I will be* ***(to be)*** *very angry.*

1) *If you ________* ***(to be)*** *online tomorrow, I _______* ***(to chat)*** *to you.*

2) *You _________* ***(to save)*** *lots of money, if you ____________* ***(to register)*** *today.*

3) *If I _________* ***(not/to be)*** *happy with the service, I ____________* ***(to sign up)*** *to a different dating website.*

4) *If the name of the website ___________* ***(to appear)*** *on my credit card statement, I _________________* ***(not/to register)****. It's too risky.*

5) *Don't worry. If I _________* ***(to meet)*** *someone online, I _____________* ***(to tell)*** *you…*

6) *If you ________* ***(to send)*** *me a sexy picture, I _______* ***(to send)*** *you one back, I promise.*

7) *If you ____________* ***(to subscribe)*** *to my Member's Area, you _______________* ***(not/to regret)*** *it.*

8) *If you ____________* ***(to cancel)*** *your subscription to that fetish site, you ____________* ***(to save)*** *lots of money.*

9) *If Slave X* __________ ***(to be)*** *online tonight, I* __________ ***(to be)*** *really happy. I've really missed him.*

10) *If you* __________ ***(to masturbate)*** *online now, then you* __________ ***(to sleep)*** *better tonight.*

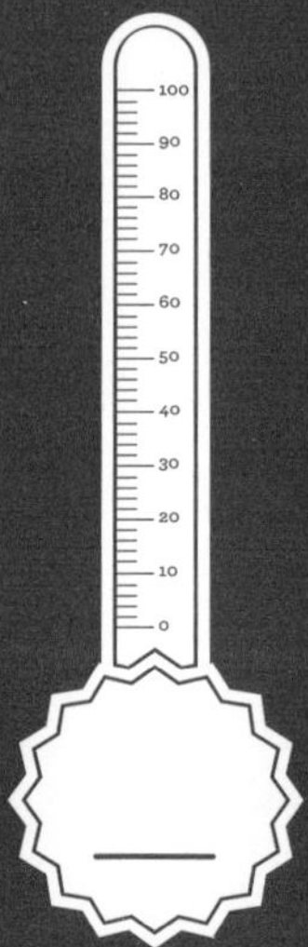

Perversões online

Online perversions

PERVERSINÔMETRO

Saúde sexual
Sexual health

VIII

Quando acabou a conversa e vamos partir para a ação, há mais uma coisa em que devemos prestar atenção. Tudo bem ser pervertido, mas é melhor ser um pervertido saudável. Esta parte do aprendizado manterá você e os seus parceir@s seguros.

When the talking has stopped and the action is about to start, there is one last subject to pay attention to. It's okay to be a pervert, but it's better to be a healthy one. This part of your education will keep you and your partners safe.

FLUIDOS E FUNÇÕES CORPORAIS
BODILY FLUIDS AND FUNCTIONS

n

- Esmegma - *Smegma, penis cheese**
- Esperma - *Sperm*
- Fezes - *Faeces, crap*, number 2, poo*, shit*, stool, turd**
- Fluido pré-ejaculatório/ fluido de Cowper - *Pre-ejaculate, pre-cum**
- Fluxo vaginal - *Vaginal discharge*
- Sêmen - *Semen*
- Urina - *Urine, piss*, pee, wee, number 1*

v

- Defecar - *To defecate, to take a dump*, to have/take a shit**
- Ejacular - *To ejaculate*
- Menstruar - *To have the period, to be on the rag*, to have the painters in*, to be on*
- Soltar um pum - *To fart*, to trump**
- Ter um sonho molhado/poluções noturnas - *To have a wet dream*
- Urinar, fazer xixi - *To urinate, to pee, to have/take a piss*, to have a wee*

ANTICONCEPCIONAIS
CONTRACEPTION

n

- Coito interrompido - *Withdrawal*
- Diafragma - *Diaphragm/Cap*
- Dispositivo intrauterino (DIU) - *IUD (Intrauterine Device), the coil*
- Esterilização - *Sterilisation*
- Gel espermicida - *Spermicide gel*
- Injeções hormonais - *Contraceptive injections*
- Pílula anticoncepcional - *The contraceptive pill, the pill*

V

- Preservativo/camisinha - *Condom*
- Preservativo feminino - *The female condom*
- Preservativo masculino - *The male condom*
- Vasectomia - *Vasectomy, the 'snip'*
- Colocar o DIU - *To have a coil/IUD fitted*
- Ligar as trompas - *To have your tubes tied*
- Tomar a pílula - *To be on the pill*

SAÚDE SEXUAL BÁSICA
SEXUAL HEALTH ESSENTIALS

n

- Absorventes - *Sanitary towels*
- Absorventes internos - *Tampons*
- Centro de planejamento familiar - *Family planning clinic/centre*
- Circuncisão - *Circumcision*
- Ejaculação precoce - *Premature ejaculation*
- Estrogênio - *Oestrogen*
- Exercícios de Kegel - *Kegel exercises, Pelvic floor exercises*
- Fimose - *Phimosis*

- Ginecologista - *GYN doctor, gynaecologist, gyno**
- Hormônios - *Hormones*
- Impotência - *Impotence*
- Ovulação - *Ovulation*
- Preventivo ginecológico - *Gynaecological exam, pap smear/test*
- Síndrome do choque tóxico (SCT) - *Toxic Shock Syndrome (TSS)*
- Testosterona - *Testosterone*

· Pegar alguma coisa - *To catch something*
· Prevenir - *To prevent*
· Proteger-se - *To protect yourself*
· Tomar medicação - *To take medication*

· **Perder a ereção - *to go soft***
· *Every time we change position, he **goes soft**.*

V

· Colocar, vestir - *To put on, to wear*
· Começar um tratamento - *To get treatment*
· Contrair - *To contract*
· Curar - *To cure*
· Fazer testes - *To have an STI Test, to get tested*
· Introduzir - *To insert*
· Livrar-se de - *To get rid of*
· Obter um resultado negativo - *To get the all clear*

QUANDO O MÉTODO ANTICONCEPCIONAL FALHA
WHEN CONTRACEPTION FAILS

n

- Aborto - *Abortion, miscarriage*
- Camisinha estourada - *Split condom*
- Pílula do dia seguinte - *The morning after pill*
- Teste de gravidez - *Pregnancy test*

v

- Dar a luz - *To give birth*
- Estar grávida - *To be pregnant*
- Ter um atraso na menstruação - *To miss a period*

DOENÇAS SEXUALMENTE TRANSMISSÍVEIS (DST)
SEXUALLY TRANSMITTED INFECTIONS (STIS)

n

- AIDS - *AIDS (Acquired Immunodeficiency Syndrome)*
- Centro de saúde sexual - *STI centre*
- Chatos - *Pubic lice, crabs**
- Cistite - *Cystitis*
- Clamídia - *Chlamydia*
- Doença inflamatória pélvica (DIP) - *PID (Pelvic Inflammatory Disease)*
- Fungos - *Yeast infection (thrush)*
- Gonorréia - *Gonorrhea*
- Hepatite B - *Hepatitis B*
- Hepatite C - *Hepatitis C*
- Herpes genital - *Genital herpes*
- Papiloma Vírus Humano (HPV) - *Human Papilloma Virus (Genital Warts)*
- Sífilis - *Syphilis*
- Tricomaníase - *Trichomoniasis*
- Vaginose bacteriana - *Bacterial vaginosis*
- Vírus da Imunodeficiência Adquirida (HIV) - *HIV (Human Immunodeficiency Virus)*

SINTOMAS
SYMPTOMS

v

- Sentir coceira - *To be itchy*
- Sentir dor - *To be painful, To be sore, To hurt*
- Sentir-se incomodad@ - *To have discomfort*
- Ter fluxo - *To have discharge*
- Ter uma erupção - *To have a rash*

n

- Odor - *Smell/odour*

SEGUNDO CONDICIONAL
SECOND CONDITIONAL

Situações hipotéticas - *Hypothetical situations*

IF	CONDITION	RESULT
IF	PAST SIMPLE	WOULD + VERB
If	*I had symptoms*	*I would get treatment*

EXEMPLOS

- ***If** I **had** an STI, I'**d tell** my partner.*
- ***If** everyone **had** access to free contraception, there **would be** fewer unwanted pregnancies.*

Depois de *I/He/She/It* costumamos utilizar a forma *WERE* e não *WAS*, mesmo as duas sendo corretas.

EXEMPLOS

- *If she **were** happy with her current method of contraception, she wouldn't be looking for another one.*
- *If there **were** no such thing as STIs, the world would be a much better place.*

If I were you costuma ser utilizado para dar conselhos

EXEMPLOS

- ***If I were you,** I'd go to a doctor.*
- ***If I were you,** I'd try a different brand of condoms next time.*

O Segundo condicional também é utilizado para falar de situações improváveis.

EXEMPLOS

- ***If** I **got** pregnant, **I'd keep** the baby.*
- ***If** I **were** the President, **I'd make** contraception compulsory.*

EXERCÍCIO 1

PRATIQUE COM SEU COMPANHEIR@!

Formule as seguintes perguntas ao seu companheir@.
As respostas devem ser completas.

1) *When was the last time you had an STI test?*

2) *Do you always use condoms when you have sex?*

3) *Have you ever felt discomfort during sex?*

4) *What is your preferred method of contraception?*

5) *Do you prefer to visit a male or female doctor about sexual health issues?*

Agora é a sua vez de responder.

EXERCÍCIO 2

Complete as frases:

1) *If the clinic didn't have a female gynaecologist,*
2) *If you urinated after sex,*
3) *I would buy female condoms,*
4) *I wouldn't have sex with him again*
5) *If my period was late again,*
6) *Your sex life would definitely improve,*
7) *If you got tested for chlamydia now,*
8) *I would be so relieved,*
9) *I would be paranoid about catching an STI,*
10) *Foul smelling smegma would accumulate under my foreskin,*

a) *if you did pelvic floor exercises.*
b) *then you wouldn't have to worry about infertility when you are older.*
c) *then I would find another one. I'm just not comfortable talking about my vagina with male doctors.*
d) *if they improved the design. They are so difficult to use.*
e) *then you would prevent cystitis.*
f) *if the test were negative.*
g) *if I didn't use condoms every time I had sex.*
h) *if I didn't peel it back and wash properly. But you know I'm always clean.*
i) *if he refused to use a condom.*
j) *my boyfriend would be worried. But it's OK, because I got it last night, thank God!*

EXERCÍCIO 3

Complete as orações com a forma verbal correta:

EXEMPLO

*If Steve were/was (**to be**) already a father, he would have (**to have**) a vasectomy.*

1) *Don't worry. If I __________ (**to have**) any symptoms, I __________ (**to tell**) you.*
2) *If you __________ (**to have**) an STI Test, you __________ (**to know**) for sure.*
3) *If we __________ (**to be**) lovers, I __________ (**to make you come**) every time.*
4) *If I __________ (**to have**) the right medication, I __________ (**to get rid of**) the rash on my genitals.*
5) *If her period __________ (**not/to be**) always so late, she __________ (**not/to worry**) so much.*
6) *If you __________ (**to have**) condoms, I __________ (**to have sex**) with you right now.*
7) *If I __________ (**to be**) the President, contraception __________ (**to be**) free for everyone.*
8) *If he __________ (**to have**) a tight foreskin, he __________ (**to get**) a circumcision.*
9) *She __________ (**to be**) happier if she __________ (**to protect**) herself from STIs.*

EXERCÍCIO 4

SOPA DE LETRINHAS. Já estamos quase acabando! Como você trabalhou muito, aqui está um exercício divertido para finalizar! Procure as seguintes palavras na sopa de letrinhas:

- *Condom*
- *Sterilisation*
- *Gonorrhea*
- *Thrush*
- *Urine*
- *Period*
- *Impotence*
- *Treatment*
- *Smegma*
- *Itch*

P	C	D	S	J	V	I	E	K	U	R	I	N	E	F
S	T	E	R	I	L	I	S	A	T	I	O	N	W	J
Q	A	N	G	N	F	W	Z	G	V	T	S	B	C	A
P	U	V	S	U	T	T	X	P	E	R	I	O	D	A
A	P	K	F	B	H	J	R	L	S	D	W	D	Y	H
P	Q	X	Q	C	E	D	S	E	O	V	H	I	G	U
X	P	P	T	I	B	P	G	Q	A	D	I	K	H	N
Q	C	I	Y	A	M	R	O	U	B	T	B	D	B	F
S	E	F	B	P	N	P	N	X	D	Y	M	T	C	L
P	S	E	V	X	T	V	O	K	N	R	H	E	O	V
H	M	R	P	O	A	H	R	T	W	M	K	K	N	Q
D	E	B	W	I	F	K	R	Q	E	H	G	I	D	T
C	G	Z	P	B	U	F	H	U	Y	N	Y	K	O	W
X	M	R	E	M	C	H	E	Y	S	T	C	Q	M	F
F	A	T	N	I	Z	G	A	V	Z	H	U	E	X	T

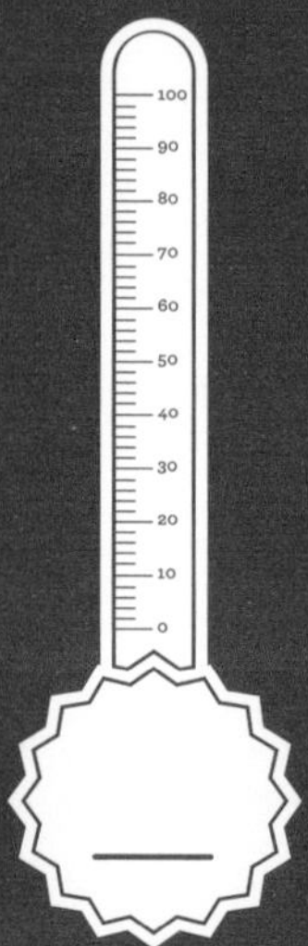

Saúde sexual - *Sexual health*

PERVERSINÔMETRO

Respostas
Answers

LIÇÃO I
O corpo humano

EXERCÍCIO 2

1) *never*
2) *rarely*
3) *always*
4) *usually*
5) *sometimes*
6) *rarely or never*
7) *often*
8) *never*
9) *always*
10) *rarely*

EXERCÍCIO 3

1) *armpit*
2) *nipple*
3) *waist*
4) *knee*
5) *toes*
6) *elbow*
7) *pecs*
8) *belly button*
9) *thigh*
10) *ankle*

EXERCÍCIO 4

1) *pert*
2) *fat*
3) *fit*
4) *wobbly*
5) *curly*
6) *erect*
7) *muscular*
8) *bony*
9) *bobbed*
10) *stiff*

Pontuação *Lição I:*

________ /30

LIÇÃO II
Na cama

EXERCÍCIO 2

1) *stimulates*
2) *I'm coming*
3) *are getting*
4) *go down on*
5) *is sucking*
6) *fingers*
7) *wanks*
8) *caresses*
9) *gives head*
10) *is stimulating, is jerking off, watches*

EXERCÍCIO 3

1) *went*
2) *I've shagged*
3) *tried*
4) *I've come*
5) *has just gone*
6) *fucked*
7) *I've stimulated*
8) *I've swallowed*
9) *I swallowed*
10) *undressed*

Pontuação *Lição II:*

________ /20

LIÇÃO III
LGTB

EXERCÍCIO 2

1) *are made*
2) *was legalised*
3) *will be opened*
4) *is being organised*
5) *will be discussed*
6) *has been finished*
7) *will be finished*
8) *is being rehearsed*
9) *has been scheduled*
10) *was served*

EXERCÍCIO 3

1) *elected*
2) *rimmed*
3) *uses*
4) *wear*
5) *sells*
6) *wrote*
7) *chose*
8) *practise*
9) *make*
10) *will open*

EXERCÍCIO 4

1) *was used*
2) *is designed*
3) *has been stolen*
4) *will be legalised*
5) *are usually used*
6) *is performing*
7) *learned*
8) *was taught*
9) *is read*
10) *are visited*

Pontuação *Lição III:*

_______ /30

LIÇÃO IV
Compras eróticas

EXERCÍCIO 2

1) *j (exemplo)*
2) *g*
3) *a*
4) *e*
5) *b*
6) *d*
7) *h*
8) *f*
9) *c*
10) *i*

EXERCÍCIO 3

1) *cheaper than*
2) *noisier than*
3) *tackier than*
4) *much tighter than*
5) *not as scandalous as*
6) *sexier than*
7) *not as revealing as*
8) *more provocative than*
9) *more flattering than*
10) *more realistic than*

Pontuação *Lição IV:*

_______ /19

LIÇÃO V
O lado obscuro

EXERCÍCIO 2

HORIZONTAIS:

1) *Person who likes to change roles. (Switch)*
3) *Something worn on the hands. (Gloves)*
4) *When a hand makes contact with the buttocks. (Spanking)*
5) *Long, stiff and made of wax. (Candle)*
6) *You can wear this to cover your eyes. (Blindfold)*
9) *A woman in charge. (Dominatrix)*
10) *You'll need this if you wear latex. (Shiner)*
11) *The best catsuits have these to enable easy access. (Openings)*
13) *This is what happens when you are bad. (Punishment)*
14) *Demonstration of devotion. (Worship)*
17) *A formal document to prove your devotion. (Slavecontract)*

VERTICAIS:

1) *You must decide on this before any BDSM scene. (Safeword)*
2) *Handing control over to your Master/Mistress. (Submission)*
5) *A dog and a slave can wear this. (Collar)*
7) *Conventional sex is described as... (Vanilla)*
8) *Metallic restraining device for the wrists. (Handcuffs)*
12) *When a man receives a strap-on in the anus. (Pegging)*
15) *The desire to be punished. (Masochism)*
16) *Formal clothing for a feline. (Catsuit)*
18) *The act of tying up for pleasure. (Bondage)*

EXERCÍCIO 3

1) *can/may*
2) *can/may*
3) *can*
4) *can't/may not/mustn't*
5) *can't/may not/mustn't*
6) *can/could/may*
7) *can*
8) *can/could/may*
9) *may/can*
10) *can't/may not/mustn't*

EXERCÍCIO 4

1) *shouldn't*
2) *don't have to*
3) *mustn't*
4) *should*
5) *have to*
6) *shouldn't*
7) *don't have to*
8) *shouldn't*
9) *ought to*
10) *should*

Pontuação Lição V:

______ /40

LIÇÃO VI
Pornografia

EXERCÍCIO 3

1) *d (exemplo)*
2) *a*
3) *j*
4) *g*
5) *i*
6) *b*
7) *c*
8) *e*
9) *h*
10) *f*

EXERCÍCIO 4

1) *I'm going to wank*
2) *I'll return*
3) *I'm going to buy*
4) *are going to upload*
5) *I'll help*
6) *I'll show*
7) *I'll wank*
8) *I'll lick*
9) *I'll download*
10) *we'll shoot*

Pontuação Lição VI:

______ /19

LIÇÃO VII
Perversões online

EXERCÍCIO 2

1) *same shit, different day. Tell me more about yourself. Age, sex, location?*
2) *28, yes please, London, you?*
3) *Laughing my ass off! 25, also yes please. Edinburgh.*
4) *shit, out of luck! Seriously?*
5) *Sorry, it's a bit far for face to face I know.*
6) *never mind. Can we still do the cybersex thing? You're such a cutie. You make me hard.*
7) *You there?*
8) *Sorry, on the phone. Be right back.*
9) *Later?*
10) *Ok, talk to you later kiss hug kiss hug.*

EXERCÍCIO 3

1) *f (exemplo)*
2) *j*
3) *h*
4) *e*
5) *d*
6) *a*
7) *c*
8) *g*
9) *b*
10) *i*

EXERCÍCIO 4

1) *are, will chat*
2) *will save, register*
3) *are not happy, will sign up*
4) *appears, will not register or won't register*
5) *meet, will tell*
6) *send, will send*
7) *subscribe, will not regret or won't regret it*
8) *cancel, will save*
9) *is, will be*
10) *masturbate, will sleep*

Pontuação Lição VII:

______ /29

LIÇÃO VIII
Saúde sexual

EXERCÍCIO 2

1) *c (exemplo)*
2) *e*
3) *d*
4) *i*
5) *j*
6) *a*
7) *b*
8) *f*
9) *g*
10) *h*

EXERCÍCIO 3

1) *had, would tell*
2) *had, would know*
3) *were, would make you come*
4) *had, would get rid of*
5) *wasn't/weren't, wouldn't worry or would not worry*
6) *had, would have sex*
7) *was/were, would be*
8) *had, would get*
9) *would be, protected*

EXERCÍCIO 4

P	C	D	S	J	V	I	E	K	U	R	I	N	E	F
S	T	E	R	I	L	I	S	A	T	I	O	N	W	J
Q	A	N	G	N	F	W	Z	G	V	T	S	B	C	A
P	U	V	S	U	T	T	X	P	E	R	I	O	D	A
A	P	K	F	B	H	J	R	L	S	D	W	D	Y	H
P	Q	X	Q	C	E	D	S	E	O	V	H	I	G	U
X	P	P	T	I	B	P	G	Q	A	D	I	K	H	N
Q	C	I	Y	A	M	R	O	U	B	T	B	D	B	F
S	E	F	B	P	N	P	N	X	D	Y	M	T	C	L
P	S	E	V	X	T	V	O	K	N	R	H	E	O	V
H	M	R	P	O	A	H	R	T	W	M	K	K	N	Q
D	E	B	W	I	F	K	R	Q	E	H	G	I	D	T
C	G	Z	P	B	U	F	H	U	Y	N	Y	K	O	W
X	M	R	E	M	C	H	E	Y	S	T	C	Q	M	F
F	A	T	N	I	Z	G	A	V	Z	H	U	E	X	T

Pontuação *Lição VIII:*

________ /28

RESULTADOS
RESULTS

Vamos ver se você prestou atenção… Some a sua pontuação.

DE 145 A 215 PONTOS: PERVERTID@ ABSOLUTO

Muito bem! Você não apenas é um/a pervertid@ absoluto, como parece que seu nível de inglês também é muito bom. Conceda-se uma noite totalmente perversa. Você merece!

DE 76 A 144 PONTOS: PERVERTID@ MEDIANO

Dizem que não há nada pior que ser mediocre, e é verdade. Porém, poderia ser pior. Você deve repetir as lições até se converter em um/a pervertid@ absoluto.

DE 0 A 75 PONTOS: VOCÊ PRECISA ESTUDAR MAIS

Ficou claro que você não estava prestando atenção durante a aula, portanto deve receber um castigo por isso. Não poderá praticar nenhuma das atividades descritas no livro por pelo menos uma semana. Depois deverá repetir as aulas.

Agradecimentos
Thanks

Em primero lugar, gostaria de agradecer à Random House Mondadori por acreditar em *Inglês para pervertidos*, sobretudo a Laura Álvarez pela sua dedicação e alegria, e ao departamento de design por dar vida ao meu manuscrito.

Estou muito agradecida pela contribuição dos fotógrafos. Cada um deles trouxe sua própria perspectiva e seu estilo único ao projeto:

Sebas Romero, por provocar meu lado mais louco e brincalhão diante da câmera. Cada vez que ele ria ou me dizia "sua sacana!", eu tinha certeza de que a coisa estava indo bem.

Lourdes Ribas, pelo seu alto nível de profissionalismo, pela atenção aos detalhes e pela inteligência criativa, principalmente quando assumia o comando.

Yuky Lutz, pela eterna capacidade de trabalhar com satisfação e vontade. Sua visão fotográfica está sempre evoluindo, e é um prazèr fazer parte desse proceso.

Também gostaria de agradecer a Henar Rodríguez, Diana Shulga e Mariam Tió Molina por me maquilarem e pentearem nas sessões de fotos com Lourdes Ribas. A Lovehoney, pela lingerie, e Pepe von Strudel pelo adereço da página 26.

Agradeço o meu escravo X pelas ilustrações e por sua lealdade em cada momento. Às vezes não sei o que faria sem ele. E meus quatro homens: Poopoo, Daddy, Teacher e Lars, por sua amizade, que valorizo muito. São como os quatro pés da minha mesa, sempre me apoiando.

Obrigada a Yuri Tapia, por me convidar para ir naquele café onde tive a ideia de escrever *Inglês para pervertidos*.

E por último, e o mais importante, agradeço a VOCÊ, por comprar *Inglês para pervertidos*.

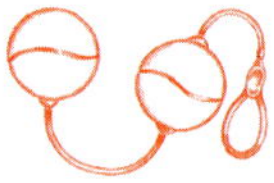

ESTA OBRA FOI COMPOSTA PELA CASA DE IDEIAS EM ARCHER E SABON,
CORPO 9,5 E IMPRESSA PELA ARVATO BERTELSMANN
EM OFSETE SOBRE PAPEL COUCHÉ FOSCO 115 GRAMAS PARA A
EDITORA OCTAVO-SUR EM MAIO DE 2014.